हिन्द पॉकेट बुक्स

नेटवर्क मार्केटिंग

क्यों, क्या और कैसे?

आनंद कुमार श्रीवास्तव एक सफल एवं प्रख्यात इंजीनियर हैं। आप इंस्टीट्यूट ऑफ़ कॉस्ट एंड वर्क्स एकाउंटेंट्स ऑफ़ इण्डिया के सहयोगी सदस्य हैं। आजकल आप इंस्टीट्यूट के भोपाल चेप्टर के सचिव हैं। आपने कई उत्कृष्ट पुस्तकों की रचना की है।

नेटवर्क मार्केटिंग

क्यों, क्या और कैसे?

आनंद कुमार श्रीवास्तव

हिन्द पॉकेट बुक्स

एक पेंगुइन रेंडम हाउस कंपनी

हिन्द पॉकेट बुक्स

यूएसए । कनाडा । यूके। आयरलैंड। ऑस्ट्रेलिया

न्यूज़ीलैंड। भारत । दक्षिण अफ्रीका। चीन। सिंगापुर

हिन्द पॉकेट बुक्स, पेंगुइन रैंडम हाउस ग्रुप ऑफ़ कम्पनीज़ का हिस्सा है,
जिसका पता www.hindpocketbooks.com पर मिलेगा

हिन्द पॉकेट बुक्स
पेंगुइन रैंडम हाउस इंडिया प्रा. लि.,
चौथी मंजिल, कैपिटल टावर 1, एमजी रोड,
गुरुग्राम 122002, हरियाणा, भारत

हिन्द
पॉकेट
बुक्स

प्रथम हिन्दी संस्करण हिन्द पॉकेट बुक्स द्वारा 2009 में प्रकाशित
यह हिन्दी संस्करण 2018 में प्रकाशित

10 9 8 7 6 5

इस पुस्तक में व्यक्त विचार लेखक के अपने हैं, जिनका यथासंभव तथ्यात्मक सत्यापन किया गया है, और इस संबंध में प्रकाशक एवं सहयोगी प्रकाशक किसी भी रूप में उत्तरदायी नहीं हैं।

ISBN 9788121620857

मुद्रक : रेप्लिका प्रेस प्रा. लि., इंडिया

www.hindpocketbooks.com

FSC www.fsc.org
MIX
Paper from responsible sources
FSC® C016779

This is a legitimate digitally printed version of the book and therefore might not have certain extra finishing on the cover.

याद में ...

उस परमपिता परमेश्वर
ज्योतिविंद शिव
की
जो
इस सृष्टि का
रचयिता भी है
और
पालनहार भी।

समर्पित...

अपने माता-पिता के
चरणों में
जिन्होंने मुझे सिखाया कि
चालाकी और झूठ बोलने से
आज तक कोई बड़ा काम नहीं हुआ
और अगर
हो भी गया तो मात्र
कष्ट, पश्चाताप और अपमान
का
कारण बना।
नेटवर्क मार्केटिंग का भी मूल सिद्धांत
यही है।

To the three most beautiful females in my life, my mother and my two daughters mini and miki.

विषय-क्रम

भूमिका 9
प्रस्तावना 13
आर्थिक जगत का नया पहलू 15
आधारभूत प्रयोजन 17
आमदनी कैसे होती है 22
नेटवर्क मार्केटिंग के मूलभूत सिद्धांत 28
नेटवर्क मार्केटिंग क्या 30
नेटवर्क मार्केटिंग क्यों करें? 33
नेटवर्क मार्केटिंग और पारंपरिक व्यवसाय की तुलना 35
नेटवर्क मार्केटिंग का अर्थशास्त्र 36
नेटवर्क मार्केटिंग के फायदे 38
नेटवर्क मार्केटिंग से संबंधित कुछ सामान्य समस्याएं और उनका समाधान 41
मेरे पास समय नहीं है 45
नेटवर्क मार्केटिंग के संबंध में जानने योग्य बातें 70

वितरक के सामने आने वाले सवाल 74
आखिर इसमें करना क्या है 76
नेटवर्क मार्केटिंग में हां तक कैसे पहुंचे 78
नेटवर्क मार्केटिंग व पिरामिड स्कीम में क्या अंतर है? 82
नेटवर्क मार्केटिंग और एजुकेशन सिस्टम 84
वितरकों के लिए कुछ सावधानियां एवं सुझाव 87
कुछ कहानियां एवं दृष्टांत 102
ढंग के सपने देखें 106
First deserve then desire 109
कमजोरी को ताकत बनाएं 111
उसे साथ रखिए 113
Better wear out than rust out 116
एक कोशिश और करें 118
निराश न हों, न ही छोड़ने की सोचें 121
विकलांग कौन? 123
अभाव का रोग न रोएं 126
लोग क्या कहेंगे? 128
अपने-अपने क्षितिज 130
आज ही शुरु करें 132
कामयाबी के छः नायाब सूत्र 134
याद रखिये 141
आज एक काम कीजिए 144
अंत में 146

भूमिका

एक महिला के पति का देहांत हो गया। बीमे की रकम लेने वह आफिस गयी। मैनेजर ने उसे बिठाया और बीमे की रकम का चेक देते हुए अफसोसजनक स्वर में बोला कि यह चेक देने में उसे जरा भी खुशी नहीं हो रही है। यह सुनकर उस महिला ने कहा कि मर्दों की तो आदत ही यही है कि जहां औरतों को चार पैसे मिलने की बात आती है उन्हें बड़ा बुरा लगता है।

वो क्या कह रहा है और ये क्या सुन रही है, दरअसल हमें वही दिखायी देता है जो हम होते हैं। अगर आपने मान लिया है कि यह बिजनेस नहीं चलता तो इसे आप कभी चला नहीं पाएंगें, क्योंकि कोई भी अपने कहे को सही सिद्ध करने में ही उत्सुक रहता है। लेकिन अगर आपने ठान लिया है कि मैं इसे चलाकर ही मानूंगा तो कोई कारण नहीं है कि यह न चले। शब्दों की ताकत को पहचानें और संभलकर बोलें क्योंकि यहां आप ही मालिक हैं। यहां आपके कहे के विपरीत कुछ भी नहीं होता। आपकी मर्जी के बगैर कोई भी आपका भला नहीं कर सकता। खुशी और ताज्जुब की बात यह है कि आपकी ज़िंदगी संवारने

के लिये आपकी मर्जी बेहद जरुरी है।

एक बार दो दोस्त व्यापार के सिलसिले में अपने देश से मीलों दूर एक दूसरे देश में पहुंचे। उन्होंने देखा कि एक दुकान में नारियल बिक रहा है। उनके यहां नारियल होते नहीं थे। उन्होंने कभी नारियल देखे नहीं थे। कौतुहूल हुआ तो दुकानदार से पूछा कि यह क्या है और किस काम आता है? दुकानदार ने कहा यह फल है। खाने के काम में आता है। इससे प्यास भी बुझती है। राजा के महल में भी मेरे यहां से ही फल जाया करता है। उन दोस्तों ने नारियल लिया और घर आ गये। जब खाना शुरु किया तो खाते नहीं बना। कहीं से भी काटते तो स्वाद आता नहीं था। आखिर में वे हार गये और नारियल को फेंक दिया तथा अपने को समझा लिया कि परदेशी देखकर उस दुकानदार ने हमको बेवकूफ बना दिया। अपने देश जाकर उन्होंने कहा कि वे एक मूर्खों के देश से आ रहे हैं जहां लोग पत्थरों जैसे फल को खाते हैं। उन्हें नारियल के खोल को फोड़ने की विधि ज्ञात नहीं थी और वे एक आनंददायक, तृप्तिदायक फल से वंचित ही नहीं रह गये बल्कि उसे पूरी तरह ग़लत भी समझ बैठे।

नेटवर्क मार्केटिंग भी नारियल की तरह है ऊपर से बेस्वाद और अंदर से मीठी। अगर हम उसे करने की विधि जानते हैं तो यह बड़ा तृप्तिदायक हो सकता है। हम भी नारियल जैसे है, क्योंकि हम भी अपनी आदतों और बहानों के खोल में बंद हो जाते हैं और इस तरह धन से प्राप्त हो सकने वाली सुविधाओं से वंचित रह जाते हैं। अगर हम अपने बहानों, आदतों और झूठे अहम् के खोल को फोड़कर बाहर आ जाएं तो जीवन के एक नए अंदाज से परिचित हो सकते हैं मुझे उम्मीद है कि आप इस बात को ग़लत साबित करेंगें कि अधिकांश लोग ज़िंदगी भर नहीं सीखते।

नेटवर्क मार्केटिंग एक संभावना है, तथ्य नहीं। एक अवसर है निष्कर्ष नहीं। एक बीज की भांति जिसमें छिपे हैं हजारों फूल। पर प्रच्छन्न हैं, अप्रगट हैं और अगर अवसर एवं वातावरण मिले तो वे खिल सकते हैं

और आपके जीवन को सुवासित कर सकते हैं। आपके हाथ में एक बीज है, मिट्टी, खाद, पानी और हवा की व्यवस्था एजुकेशन सिस्टम के पास है ही, आप माली बनकर बीज को फूल बनाएं एवं अपना एवं दूसरों का जीवन महकाएं। हजारों लोगों ने इस व्यवसाय से जायज तरीके से बेहिसाब धन एवं प्रतिष्ठा अर्जित की है और कोई कारण नहीं है कि आप चूक जाएं। आपमें कोई कमी नहीं है, बहाने चाहें तो आप हजार गढ़ सकते हैं।

नेटवर्क मार्केटिंग में उत्सुकता उन कंपनियों में भी जाग रही है, जो पहले से ही व्यवसाय में है। आगे आने वाले समय में आर्थिक जगत में इसकी उपस्थिति महत्वपूर्ण भूमिका निभाएगी। आप इसे यूं ही जाने न दें। सोचे समझें और परखें।

शुभकामनाओं सहित।

— आनंद कुमार श्रीवास्तव

प्रस्तावना

एक हाथी को चार अंधों ने छुआ। पूछने पर एक ने बताया कि हाथी खंभे जैसा होता है। दूसरे ने कहा कि वो सांप जैसा होता है। तीसरे ने कहा कि वो अजगर जैसा होता है और चौथे ने कहा कि वो सूप जैसा होता है। इसी तरह नेटवर्क मार्केटिंग के बारे में भी लोग तरह-तरह की बातें करते हैं। वो थोड़ी देर के लिये इसके संपर्क में आते हैं। कुछ देर रहते हैं और फिर बात करने लगते हैं। कुछ कहते हैं कि यह घर-घर जाकर प्रोडक्ट बेचने का काम है, तो कुछ कहते हैं कि इसमें कैसेट खरीदने, मीटिंग और सेमीनार अटेण्ड करने में ही आदमी बरबाद हो जाता है तो कुछ कहते हैं कि यह मेंबर बनाने की कोई स्कीम है तो कोई कहता है कि इसमें सफल होना मुश्किल है, कोई कहता है कि यह नहीं चलता, ज़्यादातर कहते हैं कि यह हमारे बस का नहीं है, क्योंकि हम किसी को राजी नहीं कर सकते।

आमतौर पर यह धारणा है कि ज़्यादा कमाने के लिये ज़्यादा मेहनत करनी पड़ती है पर ऐसा है नहीं क्योंकि आपकी आमदनी तब बढ़ती है जब आपकी सोच बदलती है न कि आपकी गतिविधियां। आपकी सोच बदलने के प्रयास के क्रम में प्रस्तुत किताब नेटवर्क मार्केटिंग को समग्र

रुप में देखने के उद्देश्य से लिखी गई है। आगे आने वाला समय उपभोक्ता द्वारा वितरण का है। आगामी वर्षों में नेटवर्क मार्केटिंग व्यवसाय करने का एक शक्तिशाली माध्यम बनने वाला है। यह माध्यम आर्थिक और सामाजिक स्तर पर बड़े परिवर्तन लाने वाला है। आवश्यकता है इसकी शक्ति को समझने की और बुद्धिमानीपूर्वक अपने हित में उपयोग करने की।

यह प्रारंभ में ही स्पष्ट कर देना आवश्यक है कि नेटवर्क मार्केटिंग सरल जरूर है पर आसान नहीं है। सरल इसलिए कि इसका विज्ञान और अर्थशास्त्र समझने में बड़ा सरल है इसलिए कईयों को ये भ्रम रहता है कि वो इसके बारे में सबकुछ जानते और समझते हैं और यह आसान इसलिए नहीं है क्योंकि बार बार धीरज के साथ प्रयास करते रहना सबके बस की बात नहीं है। यह जीवन का बड़ा महत्वपूर्ण निर्णय है और महत्वपूर्ण मार्ग सदा विघ्न-बाधाओं से घिरे रहते हैं। यदि परमात्मा ने सफलता का गठबंधन कठिनाई के साथ न किया होता, तो यह मनुष्य जाति का सबसे बड़ा दुर्भाग्य होता, क्योंकि तब सरलता से मिली सफलता नीरस और उपेक्षणीय हो जाती

मैं अपनी दोनों पुत्रियों सुश्री दिव्यज्योति और रुबैना का हृदय से आभारी हूं जिन्होंने मुझे इस पुस्तक को लिखने का विश्वास और उत्साह प्रदान किया। इस प्रयास की पृष्ठभूमि में इन दोनों का प्रोत्साहन और प्रेरणा ही कारक तत्व है, साथ ही मैं आभारी हूं पुत्र राहुल का और पुत्रवत् अदनान का, जिन्होंने तमाम कठिनाईयों और उलझनों के होते हुए भी इस पुस्तक को प्रकाशन के योग्य बनाया।

आशा और विश्वास है कि यह पुस्तक न सिर्फ पाठकों को पसंद आएगी, बल्कि उनके उज्ज्वल भविष्य की नींव रखने में मददगार होगी।

उज्ज्वल भविष्य की शुभकामनाओं के साथ।

आलोचनाओं और सुझावों का स्वागत है।

— लेखक

आर्थिक जगत का नया पहलू

अगर आपको धन की शक्ति और महत्व का अंदाजा लगाना है तो किसी से उधार मांग कर देखिये। अर्थशास्त्र के प्रणेता चाणक्य ने कहा कि जन शक्ति है। अगर वृद्ध धनवान है तो वह युवा है तथा अगर युवा निर्धन है तो वह वृद्ध के समान शक्तिहीन है। धनप्राप्ति और उसे बढ़ाने की अभीप्सा नैसर्गिक है। आज हर इंसान अपने सीमित साधनों से प्राप्त आय द्वारा अपनी इच्छाओं की पूर्ती करने में कुछ न कुछ कठिनाई अवश्य पाता है। इस अतिरिक्त आय के उपार्जन के लिये हम कुछ नया करने की सोचते रहते हैं जैसे कि पार्ट टाइम नौकरी या कोई व्यवसाय आदि। पार्ट टाइम बिजनेस करने के लिये नेटवर्क मार्केटिंग व्यवसाय का एक शक्तिशाली माध्यम है जो अपने देश के लिये नया भी है और अनोखा भी। यह उन लोगों के लिये वरदान जैसा है जो व्यवसाय करने की अभिलाषा रखते हैं और योग्यता भी, परंतु पूंजी की कमी से या पूंजी के डूबने के भय से व्यवसाय कर नहीं पाते। आईये हम इसके बारे में कुछ

बाजार में विश्लेषण की महत्वपूर्ण भूमिका होती है।

जानें और इसके विषय में व्याप्त कुछ नासमझियों, संदेहों और ग़लतफहमियों को दूर करने का प्रयास करें। कोई भी शंका हो तो, उसका समाधान पहले निकाल लेना चाहिए।

Whom you choose not to forgive, the experience that you do *not* forgive sticks with you.

आधारभूत प्रयोजन

आज हर इंसान पाता है कि उसके जीवन में कुछ सुविधाओं की और कुछ आभिजात्य की कमी है। आज जीवन ज़रूरत से नहीं बल्कि आपकी जेब की ताकत से तय होता है। अगर आप के पास पर्याप्त पैसे होते तो क्या आप यही जूते पहनते जो आप पहने हैं?, क्या आप वाकई उसी होटल में खाना खाते हैं जिसमें खाना चाहते हैं? क्या आपके बच्चे उसी स्कूल में पढ़ रहे हैं जिसमें उन्हें पढ़ना चाहिये? क्या आपके पास पैसे होते तो आप अपनी बहन को राखी पर कुछ और भेंट में नहीं देते? क्या आप पत्नी/पति को खरीददारी से वाकई मना करते अगर आपके पास पैसे होते? ये सवाल थोड़े चुभने वाले जरूर हैं पर हैं सच। आज हम अपनी आमदनी के दायरे में अपना खर्च समेटने को बाध्य हैं, क्योंकि अगर ऐसा नहीं होगा तो और बड़ी मुसीबत सामने होगी। आमदनी के हिसाब से अपने खर्चे को समेटने की प्रक्रिया बड़ी दुखदायी है बड़ी पीड़ादायक है। इस पीड़ा को, इस दुख को सहने के लिये अफ़ीम खाना ज़रूरी है। यह

More no's mean more yes's. Believe in law of average.

अफ़ीम कहां मिलेगी? यह अफ़ीम मिलेगी पुराने संस्कारों से। भारत भर में प्रसिद्ध पहली अफ़ीम है 'संतोषी सदा सुखी'। कोई सुखी आदमी नहीं कहता कि वो संतोषी था इसलिये सुखी हो गया। जब मजबूरी में मन मारना पड़ता है, तो संतोषी सदा सुखी की दर्दनिवारक गोली बहुत काम आती है। दूसरी प्रसिद्ध अफ़ीम है कि 'जितनी चादर है उतना ही पैर फैलाओ'। सोचने की बात है कि मेरे हिसाब की चादर होनी चाहिये या चादर के हिसाब से मुझे घट जाना चाहिए। और अगर चादर छोटी है भी तो पैर सिकोड़ने के बजाये क्यों न एक चादर और लाकर पुरानी चादर में जोड़ दी जाए और पैर फैलाकर आराम से सोया जाये जैसा कई लोग कर ही रहे हैं। इसके अतिरिक्त और भी कई अफ़ीम लोग चाटते रहते हैं कि 'पैसा सब कुछ नहीं होता' 'ज़्यादा ऊपर मत देख नहीं तो जो हाथ में है वो भी जाएगा' 'आसमान में मत उड़ वरना मुंह के बल गिरेगा' 'पैसा कमाने के लिये पैसा चाहिये और पैसा अपने पास है नहीं' 'पैसे में सुख होता तो सभी पैसे वाले सुखी हो जाते' वगैरह वगैरह।

इस अफ़ीम से कम आमदनी में काम चलाने का दर्द कम तो हो जाता है परंतु इस तरह की दवाईयों के साइड इफ़ेक्ट बड़े खतरनाक होते हैं। पहला खतरनाक साइड इफेक्ट तो यह होता है कि आदमी अपनी समस्या भूल जाता है। वह समझ नहीं पाता कि यह सब आमदनी के कम होने की वजह से हो रहा है। वह समझता है कि उसकी समस्या बढ़ते खर्चे हैं और वह अपनी ऊर्जा खर्चे कम करने में झोंकने लगता है। यह आदमी अकसर 'बिजली कम जलाओ' 'फोन कम लगाओ' 'पेट्रोल कम जलाओ' 'ये महंगा है' 'सस्ती सब्जी कहां मिलेगी?' इत्यादि इत्यादि बोलता हुआ पाया जाता है। जबकि वो भी जानता है कि ये सारे खर्चे जायज हैं पर वो भी क्या करे? आखिर वो बढ़े हुए खर्चों की क्या व्यवस्था करे? दूसरा

अच्छी आदतों को अपनाना कठिन है, पर उनके साथ जीना सरल है। बुरी आदतों को अपनाना आसान है पर उनके साथ जीना मुश्किल है।

साइड इफेक्ट यह होता है कि आदमी अपनी काबलियत ही भूल जाता है कि वो भी अधिक आमदनी का अधिकारी भी है और उसके योग्य भी। उसे यह दिखाई देना बंद हो जाता है कि जो लोग इस समस्या से निजात पा चुके हैं, वो भी उसी के जैसे इंसान हैं और वो भी पहले ऐसी ही हालत में थे जिसमें वो आज है। तीसरा साइड इफेक्ट होता है कि आदमी अपनी ताकत भूल जाता है कि उसके जान पहचान के दायरे में ऐसे बहुत से लोग हैं जो उसकी आमदनी बढ़ाने में उसकी मदद कर सकते हैं, उसको सपोर्ट कर सकते हैं, उसका उत्साह बढ़ा सकते हैं। इस तरह यह आदमी एक मूर्ख जैसा व्यवहार करने लगता है, बीमारी इसकी आमदनी को लगी है पर ये आपरेशन खर्चों का करने लगता है। इस आपरेशन के दौरान जो सबसे दर्दनाक बात होती है वो ये कि संतोषी सदा सुखी की गोली ये खुद तो खाता ही है, यही गोली ये अपनी पत्नी और बच्चों को भी खिला देता है और इस तरह से उनकी अमीर और समृद्ध बनने की सारी संभावनाओं पर पानी फेर देता है।

नेटवर्क मार्केटिंग का आधारभूत सिद्धांत है जिस पर यह पिछले पचास वर्षों से टिकी हुई है कि आप समस्या की जड़ को पहचानिए। आपकी समस्या है आपकी कम आमदनी न कि अधिक खर्च। यह कहती है कि खर्चा कम मत करो आमदनी बढ़ाओ, इसलिए आपको अपनी ऊर्जा का अधिकतम हिस्सा इस दिशा में लगाना चाहिये कि आपकी आमदनी कैसे बढ़े। आपको अपनी समस्या का, अपनी काबिलियत का और अपनी ताकत का अंदाजा लगाना चाहिए, ताकि आप अपनी आमदनी का एक नया स्रोत पैदा कर सकें और संतोषी सदा सुखी का नारा लगाने के बजाय प्रगतिशील सदा सुखी का नया पाठ पढ़ सकें। यह आपको न सिर्फ आपकी समस्या से सीधे परिचित कराता है, बल्कि आपको वह साधन भी मुहैया कराता है जिसका उपयोग करके आप अपनी समस्या से निजात पा

Go everywhere meet everyone. It is a number game.

सकते हैं, अपनी आमदनी बढ़ा सकते हैं और दूसरों की भी मदद कर सकते हैं, ताकि वे भी अपनी आमदनी में बढ़ोतरी कर सकें।

मनुष्य को अपनी इच्छाओं का सतत् विकास करते रहना चाहिए। उन्हें पूरा करने का लक्ष्य तय करना चाहिए एवं उसे प्राप्त करना चाहिए। अगर हम मात्र इच्छा करते रहेंगे और उनके आवेग से त्रस्त रहेंगे तो हम अवश्य ही संताप पाएंगे। इसी आवेग को नियंत्रित करने का नाम ही संतोष है और यह सुखी जीवन का आवश्यक तत्व है। हमें संतोष और आलस्य में अंतर साफतौर पर समझ लेना चाहिये। यदि हम नौकरी में, व्यवसाय में अथवा व्यापार में या कृषि के क्षेत्र में हैं और कामकाज की जो भी स्थिति बनती है उसे बेहतर बनाने में रुचि नहीं लेते तो हम संतोषी नहीं आलसी हैं। दूसरी स्थिति यह बनती है कि हम मात्र ख़्यालीपुलाव ही पकाते रहते हैं, पड़ोस के संपन्न परिवारों से अपनी तुलना करते हुए अपनी स्थिति पर विलाप करें, दुख मनाएं, भाग्य को कोसें तथा ठगी, झूठ, बेईमानी, अनैतिकता के उपायों से सफल होने की सोचने लगें तो इस मनःस्थिति को असंतोष कहते हैं। जो परिस्थितियां उपलब्ध हैं उन्हीं में संतुष्ट रहना, उन्हें बदलने के प्रयास को नकारना आध्यात्मिक गुण नहीं है। प्रभु ने अपनी सृष्टि में भी इसे लागू नहीं किया है वरना संसार अब से हजारों साल पहले जैसा था, वैसा ही रह जाता।

अंधेरे को कोसने की बजाय दिया जलाना बेहतर है। परिस्थिति का रोना रोने की बजाय आपके पास जो कुछ भी है, उससे अपना काम शुरु कर दीजिये। जब चारों ओर घना अंधकार छाया हुआ होता है, तो वह दीपक जिसमें छदाम का दिया, आधे पैसे की बत्ती और एक पैसे का तेल लगा हुआ है, अपना काम शुरु कर देता है, चमकता है और अपने प्रकाश से सब के रुके हुए काम चालू कर देता है। क्या दीपक ने कभी ऐसा

सबेरे उठते ही साथ संकल्प करें कि आज एक अच्छा काम ज़रूर करूंगा। आपका दिन बहुत अच्छा गुजरेगा।

रोना रोया कि इतना अंधकार है, मैं इतना छोटा-सा हूं, मैं इतने अंधकार को कैसे दूर कर पाऊंगा? या वो कभी बोलता है कि मेरे पास इतना तेल होता, इतनी रूई होती तो मैं सारा अंधकार दूर कर देता। दीपक को कर्महीन नालायकों की तरह प्रलाप करने की फुरसत नहीं है, जो अपनी नालायकी को कभी भाग्य के ऊपर तो कभी परिस्थिति के ऊपर थोप कर खुद निर्दोष बनना चाहते हैं।

Maintain proper posture and attitude. This is 99% of the business.

आमदनी कैसे होती है और उसके गुण क्या हैं ?

जायज़ आमदनी तीन तरीकों से पैदा होती है।

पहला : आदमी नौकरी करता है। वह एक नियोक्ता या मालिक ढूंढता है और मालिक की मर्ज़ी से नौकरी पर लग जाता है। नियोक्ता कोई भी हो सकता है सरकार, बैंक, कंपनी या कोई फर्म। सरकार की नौकरी सबसे अच्छी मानी जाती है, क्योंकि उसमें बिना काम के वेतन मिलने के बहुत मौके रहते हैं तथा ऊपर की अनैतिक कमाई भी होती रहती है।

नौकरी की कुछ पारंपरिक कमियां हैं जिसमें से सबसे पहली कमी तो यह तथ्य है कि नौकरी से आजतक कोई भी आदमी जायज़ तरीके से अमीर नहीं हुआ। जबकि नौकरी देने वालों की आमदनी में समय के साथ बढ़ोतरी होती गयी। नौकरी से जीविका तो कमाई जा सकती है पर रईस नहीं बना जा सकता, क्योंकि नौकरी में आपकी आमदनी तय और सीमित

किसी नौकरी पेशा ने आज तक ये नहीं कहा कि काश मैंने अपने आफिस में थोड़ा वक्त और गुजारा होता।

हो जाती है और आप अपनी अक्ल से उसे और नहीं बढ़ा सकते जब तक कि आपके मालिक की मर्जी नहीं हो। नौकरी मोपेड की तरह है जिससे आप शहर के अंदर तो आराम से घूम सकते हैं पर शहर के बाहर नहीं जा सकते। नौकरी के साथ उत्साह का समाप्त हो जाना सामान्य बात है क्योंकि नौकर जितना ज़रूरी हो उतना काम करके छुट्टी पाना चाहता है। हर नौकरी का अंत दर्दनाक तरीके से होता है, क्योंकि रिटायर होते समय आप शारीरिक रूप से तो कमजोर हो ही चुके होते हैं, आपके पुत्र-पुत्री अपनी ज़िंदगी जमाने में लगे होते हैं और अचानक आप पाते हैं कि आपकी आमदनी एकदम से आधी होने वाली है। अक्सर रिटायर्ड आदमी नौकरी से रिटायर होने के बाद अशक्त हालत में भी कोई न कोई काम करता हुआ मिल जाता है। हालांकि वो यह कहता है कि वो तो टाइम पास करने के लिये ये काम कर रहा है, पर आप उसकी आंखों में झांककर यह आसानी से जान जाते हैं कि वो झूठ बोल रहा है। हर नौकरी पेशा को यह सोचना ही चाहिये कि जिसे वो अपनी पूरी जवानी और ज़िंदगी के लगभग चालीस साल दे रहा है वो उसे आखिर में क्या देगा? क्या यह बात भी क़ाबिलेग़ौर नहीं है कि किसी नौकरी पेशा ने आज तक ये नहीं कहा कि काश मैंने अपने आफिस में थोड़ा वक्त और गुजारा होता।

इसके अतिरिक्त नौकरी में बॉस और उसके परिवार की खुशामद, बच्चों की पढ़ाई और बीमारी में भी आफिस जाने की मजबूरी, अपनी योग्यता को ताले में बंद कर देना, काम को बोझ समझ कर करना जैसी घटनाएं आम बात हैं। नौकरी का सबसे बड़ा नशा है हर महीने की निश्चित आमदनी जो आपकी हर मुसीबत की जड़ है। लोगों को ग़लतफ़हमी है कि जॉब सिक्योरिटी जैसी कोई चीज़ होती है। आपका जॉब तो हमेशा रहेगा पर आप जॉब पर जाने के काबिल कब तक रहेंगे। विश्वास न हो तो अपने आसपास किसी भी नौकरी पेशा को देख लीजिये

Small problems small achievements. Big problems big achievements. What do you select?

जो किसी कारण से पिछले महीने काम पर नहीं गया था। किसी भी ऐसे आदमी से मिलिये जिसकी नौकरी किसी भी कारण से छूट गयी है, आपको नौकरी के दर्दनाक पहलू दिखायी दे जाएंगे।

नौकरी पेशा के पास समय तो होता है जैसे कि सवेरे का समय, आफिस का खाली समय और आफिस से आने के बाद का समय, रविवार, त्यौहार के अवकाश और अन्य कई तरह के अवकाश। परंतु इस बेचारे के पास इस समय को उपभोग करने के लायक पैसा नहीं है। चूंकि इसके पास खाली समय को डालकर पैसा बनाने की कोई मशीन नहीं है अतः यह छुट्टी के समय को टीवी के सीरियल देखकर या क्रिकेट मैच देखकर खत्म करता है और कहता फिरता है कि समय नहीं है। यह छुट्टियों में किसी हिल स्टेशन पर या समुद्रतट पर नहीं मिलता। ये नगर-निगम के पार्क में मिलता है। बच्चों को घूमने के लिये नानी के घर भेजता है।

'वयस्क जनसंख्या का लगभग 70 प्रतिशत हिस्सा अपने आपको एक अच्छा नौकर साबित करने में लगा है और अपने मालिक के बच्चों के भविष्य का इंतजाम कर रहा है ताकि वे कभी नौकरी नहीं करें और यह 70 प्रतिशत हिस्सा अपने बच्चों को संतोषी सदा सुखी की अफ़ीम पिला रहा है ताकि अगर उनमें अमीर बनने के कुछ किटाणु हों भी तो वो मर जाएं। नेटवर्क मार्केटिंग का मूल सिद्धांत ये कहता है कि जितनी ताकत और ऊर्जा आप अपने-आपको एक अच्छा नौकर बनाने और साबित करने में लगा रहे हैं उसका आध भी आप अपने को अच्छा मालिक बनाने में केवल कुछ समय के लिये लगा दें, तो आपकी और आपकी अगली पीढ़ी की ज़िंदगी बदल जाए।'

काश! मैंने आफिस में थोड़ा वक्त और गुजारा होता, क्या आपने कभी ऐसा कहा है?

दूसरा : आमदनी का दूसरा ज़रिया है प्रोफ़ेशनल बन जाना। इसमें आदमी एक ऐसा गुण प्राप्त करता है, जो कि सबके पास नहीं होता। उसके बाद वो इस गुण को बेचता है और उससे आमदनी प्राप्त करता है। इस श्रेणी में सेल्फ इंप्लायड लोग आते हैं। इसको पता चल जाता है कि मैं जितना काम करूंगा उतना पैसा बनाऊंगा। नौकरी वाला अगर दस बजे आफिस जाता है तो यह आठ बजे ही निकल जाता है। नौकरी वाला अगर पांच बजे आता है तो यह रात को दस बजे आता है। यह पैसा कमाने की मशीन बन जाता है। इसके पास समय नहीं है इसीलिए इसे न तो अपने परिवार को देखने की चिंता है और न ही अपने स्वास्थ्य के रख-रखाव की परवाह है। विश्वास न हो तो किसी भी प्रोफ़ेशनल को जिसकी आयु 45-50 के आसपास है देख लीजिए। या तो उसे शक्कर मना होगी या नमक, या तो उसका लीवर खराब होगा या वह सर्वाइकल या रक्तचाप का मरीज हो चुका होगा। पैसा कमाने की प्रोसेस में यह वही गंवा बैठा जिसके लिए ये पैसा कमा रहा है। रोगी हो जाना इसकी नियति है क्योंकि प्रोफ़ेशनल बहुत व्यस्त रहता है वजह यह कि इस क्षेत्रा में कम्पीटीशन बहुत होता है। अगर आप थोड़ी देर के लिये नगर से बाहर गये कि आपकी जगह कोई दूसरा ले लेगा। इसलिए चाहकर भी प्रोफेशनल अपने परिवार के साथ महीने भर की छुट्टी पर नहीं जा सकता क्योंकि कहीं ऐसा न हो कि जब ये लौटें तो पता चले कि सारी जमी-जमाई प्रेक्टिस चौपट हो गई। इसके साथ समस्या यह रहती है कि इसके पास पैसा तो है, पर उसका उपभोग करने को समय नहीं है और जब तक यह समय का इंतजाम कर पाता है तब तक स्वास्थ्य गंवा बैठता है। यह अपने स्वास्थ्य, समय और क़ाबिलियत को बेचकर पैसा कमाने में शरम महसूस नहीं करता पर प्रोडक्ट प्रमोट कर उसे बेचने को अपमानजनक समझता है।

Be on time. Either you are early or you are late.

नौकरी हो या प्रोफ़ेशनल बनना एक बात दोनों में कामन है कि आपका पैसा आपकी मौजूदगी के बगैर पैदा नहीं हो सकता और यही सबसे खतरनाक बात है। इस खतरे को दूर करने के लिये आपके पास नेटवर्क मार्केटिंग के रुप में एक शानदार विकल्प मौजूद है।

तीसरा : आमदनी का सर्वमान्य तीसरा तरीका है आप व्यवसाय करें। यह भी स्थापित तथ्य है कि दुनिया में जितने लोग अमीर हैं वे सब व्यवसाय के रास्ते से ही अमीर बने हैं। सुनियोजित व्यवसाय में आप बहुत से लोगों की कम्पनी जैसा बनाते हैं जिसमें बहुत से लोगों के सम्मिलित प्रयास से पैसा पैदा होता है और बाद में योग्यतानुसार बंट जाता है। अगर आप कम्पनी में नौकर हैं तो आपकी आमदनी सीमित होती है और अगर आप कम्पनी के मालिक हैं तो आपकी आमदनी असीमित हो सकती है। लेकिन कम्पनी बनाने और चलाने के लिये बहुत पैसा चाहिए तथा जानकारी चाहिए। तो क्या अर्थ ये निकाला जाए कि या तो आदमी के पास समय होगा तो उसका आनंद उठाने को धन नहीं होगा और अगर धन हो भी गया तो उसका उपभोग करने के लिए या तो समय की कमी होगी या फिर स्वास्थ्य इसकी इजाजत नहीं देगा। समय और धन की एकसाथ उपलब्धि अगर आपका लक्ष्य है तो नेटवर्क मार्केटिंग आपके लिए एक सही रास्ता है। नेटवर्क मार्केटिंग में भी हर अच्छे काम की तरह कुछ चुनौतियां आती हैं जिसमें लोगों से मिलने वाली नकारात्मक प्रतिक्रिया प्रमुख है, पर इससे होने वाले लाभ की तुलना में इसकी झंझट या समस्या नाकुछ के बराबर है। अगर उदाहरण के तौर से समझा जाए तो यह एक कुआं खोदने जैसा है। जब आप कुआं खोदने जाते हैं तो प्रारंभ में आपको कचरे और गंदगी से भरी हुई जमीन मिलती है। उसे साफ कर जब आप खोदने जाते हैं तो आपको तुरंत या थोड़ी

सबसे खतरनाक बात है अपने सपनों का मर जाना, पर उससे भी बुरा हाल तब है जब सपने देखने वाला बेवकूफ नजर आने लगता है।

देर बाद पानी नहीं मिलता। फिर आगे बढ़ने पर गहराई बढ़ती है, तो अंदर गर्मी भी बढ़ने लगती है। खोदने में तकलीफ होने लगती है। उसके बाद गीली मिट्टी मिलने लगती है जो नीचे पानी होने का संदेश देती है। फिर पानी निकलता है जो कि काफी गंदा होता है और किसी काम का नहीं होता। अगर आप और आगे खोदना जारी रखें तो फिर साफ पानी निश्चित रूप से निकलता है जो कि न सिर्फ आपकी प्यास बुझाने वाला है बल्कि आपके बाद आने वाली पीढ़ियों तक की प्यास बुझाएगा और गर्मी से निजात दिलाएगा।

You are your own boss. Don't cheat your boss.

नेटवर्क मार्केटिंग के
मूलभूत सिद्धांत

इस व्यवसाय के कुछ मूलभूत सिद्धांत हैं जो कि अग्रलिखित हैं :

☞ आपका स्वयं का व्यवसाय होना चाहिए। जिसमें लागत और भूमि नहीं लगनी चाहिए।

☞ व्यवसाय के लिये वर्तमान आय के साधन जस-के-तस रहने चाहिएं। अतिरिक्त समय में सुविधानुसार किया जाना चाहिए।

☞ व्यवसाय उन सामग्री से किया जाना चाहिए जो नियमित रुप से लोगों के द्वारा उपयोग में लाई जाती हैं अर्थात जिनकी मांग कभी खत्म नहीं होती। मसलन दवाइयां और स्वास्थ्य से संबंधित, किचन और बाथरुम से संबंधित, पढ़ाई-लिखाई से संबंधित इत्यादि।

☞ प्रोडक्ट उत्कृष्ट श्रेणी का होना चाहिए ताकि नकली प्रोडक्ट दूर रहें।

अगर लोग आप पर हंस नहीं रहे हैं या आपकी आलोचना नहीं कर रहे हैं तो आप कुछ खास कर भी नहीं रहे हैं।

- ☞ आपका व्यवसाय सरल और दूसरे की समझ में आसानी से आ सकने वाला होना चाहिए।
- ☞ व्यवसाय में दूसरे का प्रवेश आसानी से हो सकना चाहिए।
- ☞ आय एक स्रोत के बजाए विभिन्न स्रोतों से लगातार आनी चाहिए।
- ☞ प्रोडक्ट को रखने, लाने, ले-जाने की लागत सीमित और नियंत्रित होनी चाहिए।
- ☞ आपकी आमदनी आपकी मौजूदगी के बगैर पैदा होनी चाहिए।
- ☞ वर्किंग केपिटल अर्थात व्यवसाय को चलाने के लिये पूंजी की आवश्यकता नहीं पड़नी चाहिए।

Winners are too busy to be sad. Too positive to be doubtful. Too optimistic to be fearful. Too determined to be defeated.

नेटवर्क मार्केटिंग

क्या ?

सामान्य व्यापार में उपभोक्ता सामान खरीदने के अलावा और किसी भी रूप में वस्तु से संबंधित नहीं होता। वो बाजार जाता है अपनी पसंद की

जिस दिन आप खुलकर हंसते नहीं हैं, उसे बेकार गया मान लीजिए।

वस्तुएं खरीदता है, उनका भुगतान करता है और चला जाता है। उसे इस बात से सरोकार नहीं है कि वस्तु उस तक पहुंचती कैसे है और वह वस्तु पहुंचाने वाले को कितना भुगतान कर रहा है। सामान्य तौर पर एक वस्तु उपभोक्ता तक पहुंचने के पूर्व निर्माता से लेकर दुकानदार तक का सफर पूरा करती है और इस सफर के दौरान उसकी योग्यता, गुण और उपयोगिता में तो कोई सुधार नहीं होता, पर उसकी कीमत में वृद्धि अवश्य हो जाती है। इस सफर के अलावा वस्तु की उपलब्धि और उपयोगिता का बखान करने के लिये विज्ञापनों का सहारा लिया जाता है जिसका भार भी उपभोक्ता उठाता है। इन्हीं खर्चों को वापस प्राप्त करने का सिस्टम ही नेटवर्क मार्केटिंग है। यह कोई चेन सिस्टम नहीं है, क्योंकि नेटवर्क मार्केटिंग में हर उपभोक्ता सीधे ही निर्माता से जुड़ जाता है और उसके बाद वस्तु के उपयोग करने के दौरान हुए अनुभव अपने मित्रों, परिचितों और अन्य रिश्तेदारों को बताता है जिसके आधार पर वे भी उस वस्तु का सेवन या उपयोग करते हैं और उचित लगता है तो वे भी सीधे निर्माता से जुड़ सकते हैं।

एक व्यक्ति के कारण जितने लोग निर्माता से जुड़ते हैं, वही उस व्यक्ति का नेटवर्क कहलाता है और उस नेटवर्क में जितने का प्रोडक्ट उपयोग में लाया जाता है, वही उस नेटवर्क का व्यवसाय या टर्नओवर है। इसी टर्नओवर का रिकार्ड कंप्यूटर पर रखा जाता है और उसी आधार पर कमीशन तय होता है और आपकी आमदनी होती है। इसमें आप तीन तरह से वस्तु का उपभोग बढ़ा सकते हैं। पहला स्वयं उपभोग करके, दूसरा उसको अपने परिचितों में बेचकर और तीसरा दूसरों को बिजनेस का महत्व समझाकर उनकी मदद करके।

यह स्थापित सत्य है कि उपभोक्ता द्वारा जो कीमत वस्तु के लिये अदा की जाती है उसमें से 60 प्रतिशत उन बिचौलियों का होता है, जो वस्तु

Watch a sunrise, at least once in a month.

के निर्माता और उपभोक्ता के बीच कड़ी का काम करते हैं। नेटवर्क मार्केटिंग में उत्पादित वस्तु क्रेता तक पहुंचाने की जिम्मेदारी निर्माता की रहती है एवं उपभोक्ता उपयोग के आधार पर वस्तु को अपने दायरे में फैलाता है और इस प्रक्रिया में लाभ अर्जित करता है। अतः यह 60 प्रतिशत उन लोगों में बांट दिया जाता है, जो वस्तु के उपभोग में मदद करते हैं। इसी का नाम नेटवर्क मार्केटिंग है।

बुद्धिमानों पर मूर्खों के हंसने की प्रथा दुनिया में हर जगह है।

नेटवर्क मार्केटिंग क्यों करें

आज बाजार में वस्तुओं की भरमार है। सुविधा की चीज़ों की तादाद बढ़ती जा रही है। आमदनी से अधिक खर्च समस्या बन चुका है। हर आदमी एक भय छुपाये हुए है कि यदि काम करने की समर्थता खो बैठे तो क्या होगा? यदि आप हर रोज एक ही तरह चलने वाली ज़िंदगी से ऊब चुके हैं तो आपके पास यह एक अवसर प्रदान करती है कि आप अपने व्यर्थ में बरबाद हो रहे समय का उपयोग कर अपने लिये अतिरिक्त आमदनी का स्रोत जुटा सकते हैं। विकसित देशों में अगर आप कहें कि आप किसी भी तरह का नेटवर्क मार्केटिंग बिजनेस नहीं करते तो उन्हें यह सोचकर ताज्जुब होता है कि आप अपने अतिरिक्त खर्चे कैसे निकालते हैं। हर इंसान नेटवर्क मार्केटिंग कर सकता है इसका वितरक बन सकता है। इसके लिये किसी प्रकार की अतिरिक्त या विशेष शिक्षा या योग्यता की कोई आवश्यकता नहीं है। अगर

Experienced in your thoughts as your own personal reality.

आपके पास समय नहीं है, तो समय कमाने के लिये और अगर आपके पास धन नहीं है, तो धन कमाने के लिये आपको इसका सहारा लेना चाहिए।

सबसे अच्छा जवाब है कुछ करके दिखा देना।

नेटवर्क मार्केटिंग और पारंपरिक व्यवसाय की तुलना

अगर आप अपनी आमदनी की कमी से चिंतित हैं तो आपका ध्यान किसी बिजनेस की ओर जाता है ताकि आप अपनी आमदनी बढ़ा सकें। जैसे ही आप बिजनेस करने का सोचने लगते हैं, बहुत सारे डर आपके सामने एक साथ खड़े हो जाते हैं। आइये पता लगाते हैं कि यह भय कौन कौन से हैं और नेटवर्क मार्केटिंग इनसे कैसे निपटती है?

There is no scarcity except in our souls.

नेटवर्क मार्केटिंग का अर्थशास्त्र

आखिर इसमें पैसा बनता कैसे है और इसके पचास साल से विश्व बाजार में टिके रहने का आधार क्या है?

आमतौर पर जो भी संगठन इस तरीके से व्यवसाय कर रहे हैं, वे सभी एक कारपोरेशन की संरचना के माध्यम से यह व्यवसाय कर रहे हैं। कारपोरेशन आपको प्रोडक्ट देता है और उपयोग करने के उपरांत अपने परिचितों को प्रमोट करने को कहता है। प्रोडक्ट शानदार और उच्च गुणवत्ता के होते हैं, पर उपयोग करने पर आपके बजट में आ सकते हैं। स्टोरेज एवं आवागमन के खर्चे को कम करने के लिए इनमें पानी मिलाने का काम उपभोक्ता को ही करना पड़ता है, जैसा कि वो रूह-अफजा शरबत के साथ पिछले पचास सालों से कर रहा है। आपके प्रमोशन से जितने लोग कारपोरेशन से जुड़ते हैं उनके द्वारा या उनके ग्रुप के द्वारा उपभोग में लायी गयी सामग्री की कीमत आपके टर्नओवर में हमेशा ही जोड़ी जाती रहेगी। मतलब अविश्वसनीय रुप से यह निकलता है कि

हर चीज आसान होने से पहले कठिन होती है।

अगर आपके प्रमोशन से कोई आदमी कारपोरेशन से जुड़ता है तो हो सकता है कि आज से बीस साल बाद उसका लड़का कोई सामान खरीदे तो आपके लड़के को उसका बोनस मिले। इसीलिए इसमें न तो गति निर्धारित है और न ही सीमा। आप चाहें तो आसमान छूने की तमन्ना और प्रयास कर सकते हैं सुविधा मौजूद है और आपकी पहुंच के अंदर है। यह कभी बंद नहीं हो सकता, क्योंकि इसमें पहले पैसा पैदा किया जाता है और उसके बाद बांटा जाता है। मार्केट कभी भी सेचुरेशन की स्थिति तक नहीं पहुंच सकता, क्योंकि मांग और उपभोक्ता दोनों ही शाश्वत हैं, अर्थात आपके हाथ वह मशीन लग गई है जिसमें एक बार गेहूं डालकर आप बार-बार आटा निकाल सकते है।

अपने वितरकों को कमीशन देने का और दूसरे अनेक प्रकार के बोनस देने का पैटर्न हर कारपोरेशन का अलग-अलग होता है। ये सारी गणनाएं कम्प्यूटर के माध्यम से की जाती हैं। नेटवर्क का हिसाब-किताब एक वृहत रूप से फैले हुए कम्प्यूटर सिस्टम पर रखा जाता है, जिसमें गड़बड़ी की कोई गुंजाइश नहीं है। कुछ समय बाद वैसे भी यह आपके लिए असंभव हो जाएगा कि आप अपने नेटवर्क का हिसाब खुद रख पाएं। आपका हिसाब-किताब रखने, आपके बोनस की गणना करने और आपका टेक्स काटकर आपको चेक भेजने के एवज में कारपोरेशन आपसे पचास-साठ रुपए महीने की फीस चार्ज करता है जो सामान्यतौर पर साल में एक बार ली जाती है। इसके अलावा आपको कारपोरेशन को कुछ भी नहीं देना है। प्रोडक्ट की जानकारी, उसके उपयोग से संबंधित प्रशिक्षण, आपका मासिक विवरण वगैरह सभी आपको इसी फीस के अंतर्गत मिल जाएगा। आम अन्य बिजनेसों की तरह इसमें भुगतान में कोई टालमटोल या देरी नही होती, आपका पैसा निर्धारित दिनांक को आपके दरवाजे पर पहुंच जाएगा चाहे आंधी हो या तूफान।

There is a law in life. When one door closes to us, another opens.

नेटवर्क मार्केटिंग के फायदे

इसके फायदे अनगिनत हैं और नुकसान कुछ भी नहीं। कुछ प्रमुख फायदे नीचे बताये जा रहे हैं :

- **बेहतर नजरिया बेहतर ज़िंदगी :** हर आदमी इस व्यवसाय में शुरू में अपनी आमदनी का ज़रिया बढ़ाने के उद्देश्य से आता है। पर कुछ ही दिनों में वो पाता है कि लोगों को राजी करना तब तक सरल नहीं होगा, जब तक अपने नज़रिये में परिवर्तन न किया जाए तो वो अपने नजरिये में परिवर्तन करने लगता है और यह परिवर्तन सुखद एहसास देता हैं। इस व्यवसाय में लगे रहने से आप एक बेहतर पापा, मम्मी, पुत्र, पुत्री, दोस्त और एक बेहतर आशावादी और सकारात्मक विचारधारा वाले इंसान बन जाते हैं कि जो कि किसी भी आर्थिक प्राप्ति से बेहतर है।

हर आसान रास्ता आखिर में मुश्किल में डाल देता है।

- **स्वरोजगार :** यह स्वयं का व्यवसाय है। यह उन लोगों के लिए सुअवसर है जिनमें व्यवसाय करने की योग्यता तो है ही परंतु जोखिम का डर उन्हें शुरू करने से रोकता है।
- **समय का उपयोग :** यह आपके खाली समय का उपयोग है। अगर आप यह नहीं करते तो खाली समय में आप क्या करना चाहेंगे? यह पार्ट टाइम जॉब जैसा है जिसमें आप एक बार काम करने के न जाने कितनी बार पैसे लेने वाले हैं। यह आपकी अतिरिक्त आमदनी का स्रोत है, जो कुआं के जैसा है जिसके पास आप तब जाएंगे जब आपको प्यास लगेगी, क्योंकि प्यास लगने के बाद तो कुआं खोदना संभव नहीं है, प्यास के मारे वैसे ही दम निकला जा रहा है। कुआं तो तभी खोदकर रख लेना चाहिये जब आपको प्यास नहीं लगी हो।
- **लोगों की मदद करना :** आप ऐसे बहुत से लोगों को जानते हैं जो आपकी मदद से आगे बढ़ सकते हैं। आप उनकी मदद कर सकते हैं उन्हें आत्मविश्वास दे सकते हैं कि आप के भरोसे वे यह बिजनेस शुरू कर सकते हैं। दूसरे की मदद किए बगैर आप या कोई भी इस बिजनेस में आगे बढ़ नहीं सकता। जाहिर है कि जिसकी आप मदद करेंगे और जिसके साथ आप यह बिजनेस करेंगे वो आपका दोस्त तो हो ही जाएगा। इस तरह यह आपके दोस्तों की संख्या भी बढ़ा सकता है।
- **आर्थिक स्वतंत्रता :** अगर आप यह बिजनेस लगातार करते रहे और इसकी कुछ साधारण सी बाधाओं को पार करते रहे जिसके लिये धीरज के अलावा और किसी गुण की जरूरत नहीं है तो पांच से सात साल के अंत में आप ऐसी जगह पहुंच सकते हैं, जहां आपकी मौजूदगी के बगैर भी आपका पैसा बनता रहेगा। और आप

Look people in the eyes.

अपनी पीढ़ी के लिये वो छोड़कर जाएंगे कि कोई भी पैसे के लिये परेशान नहीं होगा।

- **नौकरी पेशा लोगों के लिये आर्थिक सुरक्षा :** हर नौकरी पेशा या सेल्फइम्प्लायड को यह सोचना चाहिए कि जिसे वह अपनी ज़िंदगी के बेशकीमती चालीस साल दे रहा है वो उसे आखिर में क्या देगा? अगर आप अपनी आय के वर्तमान साधन के साथ-साथ यह बिजनेस भी करते चलते हैं तो यह आपको चार पांच साल में ही ऐसी जगह पहुंचा देगा कि आपको रिटायरमेंट के नाम से डर नहीं लगेगा। यह आपको पांच सात साल में ही वह दे देगा जो कि नौकरी चालीस साल में भी नहीं दे पाएगी। मजे की बात यह है कि इसे करने के लिए नौकरी छोड़ने की कतई आवश्यकता नहीं है।

आधी कोशिश आधा नतीजा नहीं लाती बल्कि कोई नतीजा नहीं लाती।

नेटवर्क मार्केटिंग से संबंधित कुछ सामान्य

समस्याएं और उनका समाधान

A smile is a curve that sets every thing straight.

प्रोडक्ट महंगे हैं। कोई सौ रुपयों में टूथपेस्ट खरीदेगा क्या, जबकि बाजार में तीस रुपयों मे टूथपेस्ट मिल जाता है। तीन सौ रुपयों के साबुन से कोई हाथ धोएगा या दाढ़ी बनाएगा? ये तो पब्लिक को बेवकूफ बनाकर लूटने का धंधा है। अगर आपके पास खूब सारा पैसा होता तो क्या आप इस सवाल को उठाते? शायद नहीं, इसलिए इसी बात को इस तरह भी कहा जा सकता है कि आपकी आमदनी कम है, जो कि आपकी असली बीमारी है। आपकी समस्या है आपकी कम आमदनी और आमदनी बढ़ाने का तनावरहित तरीका नेटवर्क मार्केटिंग है, जिसके कारण आप आगे चलकर उन सारी चीजों का उपयोग कर पाएंगे, जिन्हें आज आप पैसे की बर्बादी या महंगा कहकर टाल देते हैं। अब यह तो आपका निर्णय है कि आप अपना जीवन संतोषी सदा सुखी की आरामदायक गोली खाकर करते हैं या जो समय आप बरबाद कर रहे हैं उसका सदुपयोग कर अपने व्यक्तित्व को निखारते है तथा अपने लिये अतिरिक्त आमदनी पैदा करने का प्रोजेक्ट हाथ में लेते हैं।

ये सभी प्रोडक्ट पिछले पचास सालों से बाजार में हैं, अगर महंगे होते या लोगों को मंजूर नहीं होते तो कब के बाहर हो गये होते। इतने समय तक प्रोडक्ट की मौजूदगी यह साबित करती है कि आपके इनको महंगा बोलने के पीछे कुछ जानकारियों का अभाव है। नेटवर्क मार्केटिंग किसी फ़िल्म स्टार के, किसी क्रिकेट या फुटबाल के खिलाड़ी के या किसी हीरोइन के लटकों झटकों के या किसी विज्ञापन के भरोसे नहीं चलती। इसका तो एक ही आधार है और वो है इसके प्रोडक्ट। ज़ाहिर है कि प्रोडक्ट बनाने में बहुत रिसर्च की जाती है और क्वालिटी पर अत्यधिक ज़ोर दिया जाता है। यह तो उपयोग करने के बाद ही पता चलता है कि ये प्रोडक्ट कीमत में और क्वालिटी में उन प्रोडक्ट से बेहतर हैं जो आप

अमीर बनना आसान नहीं है पर गरीबी में या कम पैसों में गुजर-बसर करना भी कौन सा आसान है।

उपयोग में ला रहे हैं और आपका कोई बिजनेस भी नहीं हो रहा है। अगर आप प्रोडक्ट को उपयोग में लाएंगे तो उसको प्रमोट भी ढंग से कर पाएंगे। इसलिए पहले आप प्रोडक्ट को उपयोग में लाइए और अगर आपको वो महंगा लगता है तो अपनी आमदनी को उस लेवल पर ले जाइए जहां से आपको यह प्रोडक्ट महंगा न लगे। वैसे भी आप नेटवर्क मार्केटिंग सिस्टम के सारे प्रोडक्ट को स्वयं नहीं उपयोग कर सकते। अतः आपको उन लोगों को तो ढूंढ़ना ही पड़ेगा जो इन प्रोडक्ट का उपयोग कर सकते हैं। आपको यह भी सोचना चाहिए कि महंगे प्रोडक्ट का उपयोग करने वाले भी आपके जैसे हीं तो हैं और जब वो इसे उपयोग में ला सकते हैं, तो आप में ऐसी क्या खराबी है जो आप इन्हें उपयोग में नहीं ला पा रहे हैं।

नेटवर्क मार्केटिंग करने वालों के लिए कारपोरेशन, प्रोडक्ट के विषय में निःशुल्क प्रशिक्षण आयोजित करता है। आपको अपने संदेहों को दूर करने के लिये इन प्रशिक्षणों का लाभ लेना चाहिये। इन प्रशिक्षणों के दौरान आपको एक तुलनात्मक अध्ययन के द्वारा यह स्पष्ट किया जाता है कि आप जो प्रोडक्ट उपयोग में ला रहे हैं, उनसे ये प्रोडक्ट कीमत और गुणवत्ता में बेहतर क्यों और कैसे हैं? रहा सवाल महंगे होने का तो ये सवाल भी सोचने जैसा है कि फिल्म देखने का अधिक मजा कहां पर है? लोवर स्टाल में या बालकनी मे? आप किस पेन से लिखना पसंद करेंगे दो रुपए वाले से या बीस रुपयों वाले से? कपड़े आप कौन से पहनना चाहेंगे रेमंडस के या लोकल के? आफिस किससे जाना पसंद करेंगे आप? मिनी बस से, लिफ्ट लेकर, स्कूटर से या फिर कार से? अपने बच्चों को आप कहां पढ़ाना चाहेंगे सरकारी स्कूल में या महंगी फीस वाले पब्लिक या कान्वेंट स्कूल में? सफर करने के लिये ए.सी. में जाना चाहेंगे आप कि जनरल डब्बे में? ज्यादा पैसा देने से मिल रही सुविधाओं पर भी तो ग़ौर करना चाहिए।

Be pretty dressed. Maintain correct posture.

एक कागज़ और पेन लीजिए। हिसाब लगाइए कि अगर आप इससे सस्ते प्रोडक्ट उपयोग में लाते हैं तो अगले पांच सालों में आप कितनी बचत कर पाएंगे। अब फिर हिसाब लगाइए कि अगर आप ये प्रोडक्ट उपयोग में लाते हुए उनका प्रमोशन अपने परिचितों और रिश्तेदारों में करतें हैं, तो अगले पांच साल में आप इस व्यवसाय में कहां पहुंच सकते हैं। आखिर अभी तक तो आप सस्ते प्रोडक्ट ही उपयोग में लाते रहें हैं तो आप आज कहां पर हैं? याद रखिए कि बचत से कोई भी आदमी आज तक अमीर नहीं हुआ। आपको पैसे बचाने की बजाए पैसे कमाने की ओर ध्यान देना है। जिस मात्र में आपको यह प्रोडक्ट महंगा लग रहा है उतना पैसा कमाइये और अच्छी गुणवत्ता का प्रोडक्ट उपयोग करिए।

नेटवर्क मार्केटिंग के मूल सिद्धांत को याद करिए जो कहता है कि खर्चे कम मत करो, आमदनी बढ़ाओ। महंगा मत बोलो, खरीदने की कूवत और हैसियत पैदा करो। बदकिस्मती की बात तो यह है कि हम उन असुविधाओं को नज़रअंदाज कर देते हैं, जो हमें कम कीमत के कारण सहनी पड़ती हैं।

किसी चीज के बारे में जाने बगैर उसे नकारना बहुत बड़ी मूर्खता है।

मेरे पास समय नहीं है

'काम नहीं करने का इससे आसान, कारगर और प्रसिद्ध बहाना और कोई दूसरा नहीं है कि समय कहां है? अगर इतने दिनों तक काम करके आप समय अर्जित नहीं कर पाए तो कसूर किसका है?'

एक लकड़हारा लकड़ी काट रहा था। बहुत मेहनत कर रहा था। पसीने-पसीने हुआ जा रहा था। एक राहगीर उसे बड़ी देर से देख रहा था। फिर उसने पूछा कि तुम कितनी देर से लकड़ी काट रहे हो। लकड़हारे ने जवाब दिया पांच घंटे से। राहगीर ने सुझाया तुम थोड़ा आराम कर लो। अपनी कुल्हाड़ी को धार कर लो। मेहनत कम लगेगी और लकड़ी भी ज्यादा कटेगी। लकड़हारे ने कहा कि मेरे पास समय नहीं है।

आप अपने परिवार के साथ पंद्रह दिनों के लिए घूमने कब तक जा पाएंगे। अगर आपको किसी पारिवारिक, सामाजिक या धार्मिक काम के लिए समय की आवश्यकता पड़ ही गयी तो आप क्या करेंगे? दो साल पहले भी आप व्यस्त थे और दो साल बाद भी आप व्यस्त ही रहेंगे। अगर

Start the day right. Read a good book on positive mental attitude before you read anything.

आपके पास समय नहीं है, तो आपके पास पैसा बहुत होना चाहिए पर वो भी तो नहीं है आपके पास। तो अभी तक करते क्या रहे आप? महत्वपूर्ण यह नहीं है कि आपके पास समय नहीं है, क्योंकि आज तो बरतन वाली बाई के पास भी समय नहीं है। महत्वपूर्ण यह है कि आप व्यस्त किसमें हैं?

व्यस्त रहने से आप आज कहां पर पहुंच गए हैं कि न तो आपके पास

महत्वपूर्ण यह नहीं है कि आपके पास समय नहीं है, महत्वपूर्ण यह है कि आप व्यस्त किसमें हैं ?

पांच हजार रुपए जैसी रकम है, न ही सप्ताह में आठ दस घंटे का समय और न ही कोई नया काम हाथ में लेने की हिम्मत। समय का नहीं होना गौरव का नहीं चिंता का विषय होना चाहिए। अगर किसी कारणवश समय की जरूरत पड़ ही गई, तो उसके लिये कुछ व्यवस्था करके रखिए क्योंकि प्यास लगने पर कुआं नहीं खोदा जा सकता, कुआं तो पहले से ही खोदकर रखना चाहिए। जितना समय आप वाहियात सीरियलों को देखने में, क्रिकेट मैच देखने में और उस पर डिसकसन करने में लगाने वाले हैं केवल वही इस बिजनेस में आगामी तीन साल के लिये लगा दें तो आपके पास हमेशा ही समय रहेगा।

सीधी-सी बात तो यह है कि जिसे करना है वह समय निकालकर कर ही लेता है और जिसे नहीं करना है वह व्यस्तता का कंबल ओढ़कर सोता रहता है। व्यस्तता और अभावग्रस्तता दो ऐसे बहाने हैं, जिनकी आड़ में

इंतजार करने वालों को भी चीजें मिलती हैं पर वे ही चीजें, जो मेहनत करने वाले छोड़ देते हैं।

व्यक्ति अपने विशिष्ट कर्तव्यों एवं उत्तरदायित्वों से लुकता-छिपता फिरता है और अपने को तथा दूसरों को धोखा देने वाले बहाने बनाया करता है।

निष्क्रिय लेकिन व्यस्त लोगों के दर्शन कहीं भी किए जा सकते हैं।

अपने आसपास नजर दौड़ाइये, निष्क्रिय लेकिन व्यस्त लोगों के दर्शन कहीं भी किए जा सकते हैं। आप भी कहीं उन्हीं में से तो नहीं?

3. मै जानता हूं यह बहुत अच्छा है पर मैं किसी को राजी नहीं कर सकता : आप प्रमोशन तो करते ही रहते हैं कि यह डाक्टर अच्छा है, यह पिक्चर अच्छी है, यह स्कूल अच्छा है और यह प्रमोशन का बिजनेस है। आप किसी को राजी नहीं कर सकते तो आज आप क्या हैं? अगर लोगों को राजी करने से आपके बेटा-बेटी या नाती-पोते को आपके बाद भी पैसे मिलते हैं तो राजी करना सीख लीजिए ना, सीखने में क्या प्राब्लम है? आखिर आज जो भी आप जानते हैं वो भी आपने कहीं न कहीं, कभी न कभी किसी न किसी से सीखा ही है, उसी तरह यह भी सीख लीजिए। आप अपने को तीसमारखां समझकर आज यहीं पर तो पहुंचे ना कि प्रोडक्ट अच्छा लगने की बजाए महंगा लग रहा है।

यह सभी के साथ होता है कि शुरू-शुरू में कोई भी जल्दी से आप पर यकीन नहीं कर पाता। आप कोई भी बिजनेस करते ये तो होता ही कि उसके जमने में समय लगता है। इस बिजनेस की सफलता का एक फार्मूला है 10-7-4-1। अर्थात जब आप दस लोगों से बात करते हैं तो मात्र सात लोग उसको सुनते हैं, उसमें से चार लोग आपको सीरियसली लेते हैं और मात्र एक ज्वाइन करता है। इसी फार्मूले के दम पर सभी ने

Never argue with a fool. People might not notice the difference.

सफलता प्राप्त की है। लेकिन जो लोग नहीं ज्वाइन कर रहे हैं वो मात्र आपकी परीक्षा ले रहे हैं कि आप इस व्यवसाय के प्रति गंभीर हैं या नहीं। लगभग सालभर देखने के बाद ये ही लोग आपके बिजनेस को ज्वाइन करने लगते हैं। इसलिए घर से निकलने समय यह निश्चित मत करिए कि जब बत्ती हरी हो जाएगी तभी आप घर से निकलेंगे। पहले आप डाक्टर बन जाइये तो मरीज आपको अपने-आप मिल जाएंगे अभी से आप मरीजों की जानकारी मत इकट्ठी करिए, नहीं तो शायद डाक्टर ही न बन पाएं। अगर एक्सीडेन्ट के डर से आप गाड़ी में नहीं बैठेंगे तो कहीं पहुंच भी नहीं पाएंगे।

अगर बच्चा चलने के पहले यही पूछे कि कहां से शुरु करूं; कैसे शुरू करुं; कहीं गिर न जाऊं; कहीं घुटने में चोट न लग जाए, तो फिर बच्चा कभी चल न पाएगा। उसे तो शुरू करना ही पड़ता है, सारे खतरे मोल लेने ही पड़ते हैं। सब भय के बावजूद शुरू करना ही पड़ता है और एक दिन बच्चा अचानक खड़ा हो जाता है और फिर चलने लगता है। जो काम शुरू में खतरनाक और असंभव लगता है वह आसान हो जाता है और आनंद देने लगता है।

मां कितनी खुश हो जाती है, जब बच्चा चलने लगता है! हालांकि खतरा और बढ़ गया। अब वो गिरेगा। अब घुटने तोड़ेगा। सीढ़ियों से गिरेगा। लहूलुहान होगा। अब तक घिसटता था तो खतरा कम था, सुरक्षा थी। मगर सुरक्षा में कब तक कैद रहोगे? खतरा तो उसे मोल लेना ही पड़ेगा अन्यथा लंगड़ा ही रह जाएगा। पिंजड़े में पक्षी बड़ा ही सुरक्षित है। न तूफ़ान का डर, न किसी आक्रमण का। पर अगर उड़ने का मजा लेना है तो पिंजड़े की सुरक्षा तो छोड़नी ही पड़ेगी। ऐसी सुरक्षा किस काम की जो मरने से बदतर हो।

कोई भी मूर्ख निंदा, बुराई, आलोचना और शिकायत कर सकता है और अधिकांश ऐसा करते भी हैं।

जब बच्चा पहली दफे बोलना शुरू करता है तो तुतलाता ही है। कोई एकदम से सारी भाषा का मालिक तो हो नहीं जाएगा। कौन कब हुआ है! तुतलाएगा। भूलें होंगी। कुछ का कुछ कहेगा। कुछ कहना चाहेगा और कुछ मुंह से निकल जाएगा। लेकिन बच्चे समझदार नहीं होते इसलिए हिम्मत करते हैं तुतलाने की और इसीलिए एक दिन बोल भी

हमारे यकीन करने की ताकत हमारे शक और संदेह करने की ताकत से हमेशा बड़ी होती है।

पाते हैं। तुतलाने की हिम्मत करते हैं, इसीलिए एक दिन कालिदास और शेक्सपियर भी पैदा हो पाते हैं। तुतलाने की कोशिश करते हैं तो एक दिन बुद्ध और जीसस भी पैदा हो पाते हैं। आप भी ना सुनने की हिम्मत जुटाओगे तो हां कहने वाला पा ही जाओगे। पक्षी को तो पिंजरे से बाहर निकलकर ही पता चलेगा कि आकाश कितना खूबसूरत है।

अनेक बेहद क़ाबिल नौजवान सिर्फ इसलिए अपने अथवा दुनिया के लिये कुछ भी उल्लेखनीय नहीं कर पाए क्योंकि वे शुरूआत करने का साहस ही नहीं जुटा सके। अतः आपके लिये तो यही करना उचित होगा कि आप शुरू करें। अपने आप पर यकीन रखें क्योंकि आदमी की यकीन करने की ताकत ही अफसानों और अजूबों को जन्म देती है। हमारे यकीन करने की ताकत हमारे शक और संदेह करने की ताकत से हमेशा बड़ी होती है।

4. हर महीने कैसेट खरीदना पड़ता है, मीटिंग में जाना पड़ता है, महंगे सेमीनार अटेण्ड करना पड़ता है : नेटवर्क मार्केटिंग करने वाले हर कारपोरेशन या कंपनी के मेनुअल में लिखा है कि आपको इस बिजनेस

This business is simply a number game. Never give up.

को करने के लिये एक किट के अलावा और किसी चीज की आवश्यकता नहीं है। मेनुअल का अवलोकन करें। उसमें यह साफ-साफ लिखा है कि न तो आपको कोई टेप खरीदने की जरूरत है न ही किसी मीटिंग या किसी सेमीनार की। परंतु यह होता है कि बिजनेस का पोटेंशियल समझने के लिए या किसी को समझाने के लिए कैसेट या मीटिंग या सेमीनार बहुत उपयोगी सिद्ध होते हैं। बहुतों ने इस बिजनेस को करने का या उसमें सफलता पाने का निर्णय किसी-न-किसी सेमीनार में ही लिया है। दूसरी बात यह कि कई बार प्रयास करने के बाद भी लोगों को राजी करने में दिक़्क़त आने लगती है और आदमी निराश होने लगता है। ऐसी स्थिति में भी मीटिंग या सेमीनार आपकी डिस्चार्ज बैटरी में फिर से जान डाल देते हैं। जैसे कुआं खोदते समय पत्थर मिलना लाजमी है, उसी तरह इस बिजनेस में दो-चार पत्थर दिमाग़ लोगों का मिल जाना जरूरी है, ताकि आपकी मजबूती का टेस्ट हो जाए। मीटिंग, कैसेट या सेमीनार से इस टेस्ट को पास करने में बड़ी मदद मिलती है। कैसेट खरीदकर सुनने में, मीटिंग में या सेमीनार में जाने से पैसे बरबाद नहीं होते, क्योंकि इनसे आपको जो मिलता है वह इनकी कीमत से कई गुना ज्यादा होता है। विश्वास न हो तो जिसने यह किताब आपको दी है उससे कोई कैसेट मांगकर सुन लीजिए तब आपको पता चलेगा कि जीवन इन बातों से कितना सुखमय हो सकता है। इस संबंध में आगे प्रश्न क्रमांक 22 में भी जानकारी दी गई है।

5. कम्पनी भाग गयी तो : नेटवर्क मार्केटिंग का बिजनेस केवल प्रोडक्ट की क्वालिटी पर आधारित है और क्वालिटी प्राप्त करने के लिये कम्पनी को लगभग सौ करोड़ रुपयों के आसपास की पूंजी तो उत्पादन के लिए लगानी ही पड़ती है। आप अपना बिजनेस पांच हजार रुपयों से शुरू करते हैं और

किराए के मकान में रहना बुरा नहीं है। पर यह सोचना बहुत बुरा है कि हमारी किस्मत में मकान मालिक बनना लिखा ही नहीं है।

कम्पनी करीब सौ करोड़ रुपयों से। आप खुद ही सोच लीजिए कि कौन पहले भागेगा-सौ करोड़ लगाने वाला या फिर पांच हजार लगाने वाला।

6. यह बिजनेस नहीं चलता हम कईयों को जानते हैं, जो इसको छोड़ चुके हैं : यह आंकड़ों से जाहिर होता है कि लगभग पचास प्रतिशत लोग इस बिजनेस को तीन महीनों के भीतर छोड़ देते हैं और उनमें से अधिकांश बिना किसी से बात किए ही इसे छोड़ देते हैं। आप ऐसे कईयों को जानते हैं जो पीएमटी के टेस्ट में फेल हो गए तो क्या पीएमटी बंद कर दी जाए या फिर मेडिकल कालेज में ताला डाल दिया जाये। डाक्टर बनने के लिए आप किसके संपर्क में आएंगे जो पीएमटी पास हो गया उसके या जो पीएमटी फेल हो गया उसके। क्या आप ऐसे लोगों को नहीं जानना चाहेंगे जिन्होंने इस बिजनेस में सफलता पायी। आप अपने बच्चे को किसके साथ देखना पसंद करेगें जो पढ़ने में होशियार है या जो

हर कला, व्यवसाय और काम के साथ ऐसा ही है कि चुनौतियां और मुश्किलें ही अयोग्य प्रतियोगियों को प्रतियोगिता से दूर रखती हैं।

पढ़ने में मूर्ख है और फेल होता रहता है? आपके बगैर यह बिजनेस लगभग अस्सी देशों में पिछले चालीस वर्षों से चल ही रहा है और आपके बगैर ये वर्षों तक चलता रहेगा, पर आप इसके बगैर किस तरह चल रहे हैं यह भी सोच लीजिए। यह एक चुनौतीपूर्ण पर आसान सा काम है जिसमें धीरज एक आवश्यक गुण है। यह एक बिजनेस है जो आपको सीखना पड़ेगा। लोग बहुत जल्दी ही दूसरों को समझाने चले जाते हैं जबकि उन्हें खुद भी पता नहीं होता कि जो भी वो समझाने जा रहे हैं वो किस हद तक सच है? ऐसा शिक्षा की कमी के कारण होता है।

Avoid newspaper in the morning.

अगर आप उन लोगों को देखेंगे जो असफल हैं, तो आप भी असफल होना सीख जाएंगे और ऐसे लोग हमेशा संख्या में ज़्यादा रहते हैं और ये दूसरों को निरुत्साहित करने में रूचि रखते हैं ताकि इनकी नाक़ाबिलियत की कहानी छुपी रहे। आपको न सिर्फ नेटवर्क मार्केटिंग में बल्कि हर जगह ऐसे कमजोर सेल्फ इमेज वाले लोगों से सावधान रहना चाहिए। संसार में

बच्चों को बिजनेस नहीं करने का बहाना बनाने के बजाए आप बच्चों को इस बिजनेस को करने का कारण बना सकते हैं

सबको प्रसन्न करना संभव नहीं, इसलिए जो उचित हो उसका अपनी विवेक बुद्धि के आधार पर निर्णय करना चाहिए और लोग क्या कहते हैं, उस पर ध्यान नहीं देना चाहिए। हर कला, व्यवसाय और काम के साथ ऐसा ही है कि चुनौतियां और मुश्किलें ही अयोग्य प्रतियोगियों को प्रतियोगिता से दूर रखती हैं।

7. हमारे बच्चे छोटे हैं : उन बच्चों के भविष्य की क्या योजना है आपके पास? वो किस तरह के खिलौने से खेलेंगे? वो किस गाड़ी में और किस स्तर के स्कूल में पढ़ने जाएंगे? वो किस किस्म के कपड़े पहनेंगे? आप उनको आज कितना समय दे पा रहें हैं और आगे कितना समय दे पाएंगे? अगर इन सवालों का जवाब देने में आपको पसीना-सा आ रहा है तो आप ठीक दिशा में सोच रहे हैं कि आपको इस नेटवर्क मार्केटिंग को गंभीरतापूर्वक करना शुरू कर देना चाहिए। बच्चों को बिजनेस नहीं करने का बहाना बनाने के बजाए आप बच्चों को इस बिजनेस को करने का कारण बना सकते हैं और उनके सुखद भविष्य की नींव रख सकते

अगर मन का हो गया तो अच्छा और अगर नहीं हुआ तो और भी अच्छा।

हैं। आखिर मां-बाप बच्चे के लिए क्या नहीं कर सकते? और आप ये साधारण-सा बिजनेस करने से डरते हैं जो उस बच्चे को हमेशा के लिये आराम देने वाला है। कठिनाइयों से अपना बचाव करते जाने की आदत ने अनगिनत लोगों को कष्ट ही नहीं दिया वरन् उन्हें नाकारा भी बनाया है।

अगर आपके बच्चे छोटे हैं तो पति पत्नि में से एक को ही बिजनेस में लगना चाहिए और दूसरे को बच्चे की देखभाल में पूरा समय देना चाहिए। अगर आप बच्चे को दिए जाने वाले समय को काटकर, या उसकी देखभाल में कमी कर बिजनेस बनाने का सोच रहे हैं तो आप कतई सफल नहीं होंगे क्योंकि ईश्वर आपके साथ नहीं होगा। इस सलाह से दूर रहें कि बच्चे को अकेला छोड़कर पति-पत्नी दोनों को ही इस बिजनेस में लग जाना चाहिए।

8. लोग इस बिजनेस के नाम से बिदकते हैं और आने का बोलकर भी नहीं आते : 10-7-4-1 का फार्मूला याद कीजिए। दस में से एक आदमी इस बिजनेस में आता है और वही काफी है। कुछ लोगों की नजरों में उनकी स्वयं की छवि धुंधली होती है और उनका आत्मविश्वास बड़ा कमजोर। यह वे लोग होते हैं जो संतोषी सदा सुखी की गोली खाकर बड़े हुए हैं और आत्मविश्वास की कमी के कारण किसी भी काम को हाथ में लेने से डरते हैं। आपको हर बिजनेस में ऐसे लोग मिल जाएंगे जो टालमटोल करने में विश्वास रखते हैं। पर ऐसे लोगों के आने से भी कोई खास फायदा नहीं होता ये अगर आ भी गए तो छोड़कर भागने में ज्यादा वक्त नहीं लगाते। पैसे की गरीबी उतनी दुखदायी नहीं होती जितनी प्रगति के लिये आकुलता की कमी। जो अपनी दुर्दशा से संतुष्ट है उसके लिए सुखद अवसर कहां से, कैसे और क्यों कर आएगा।

Don't judge those who try and fail. Judge only those who fail and try.

आप सोच के देखिए कि अगर आप कोई दूसरा बिजनेस कर रहे होते तो ऐसे लोगों को क्या आप अपना पार्टनर बनाते जो बोलकर भी नहीं आते? तो यहां भी ऐसे झूठे लोगों की फ़िकर क्यों कर रहे हैं? अगर आपके घर लड़की पैदा हुई है तो मतलब साफ है कि भगवान ने उस लड़के को पहले ही पैदा कर दिया है जिसके साथ उसकी शादी होगी, आपका काम तो महज उसको खोज निकालना है। अगर आपको भगवान ने यह बिजनेस दे दिया है तो भी मतलब साफ है कि भगवान ने वो लोग पहले ही भेज दिये हैं, जो आपका बिजनेस ज्वाईन करेंगे। आपकी जिम्मेवारी तो सिर्फ इतनी ही है कि आप बस उन लोगों को खोज निकालें। ऐसे लोग जो बोलकर भी नहीं आते, वे आपकी खोज का हिस्सा हैं आपके बिजनेस का नहीं, ऐसे ग़ैरजिम्मेदार लोगों की परवाह करके आप अपना भविष्य खतरे में क्यों डालते हैं?

9. अगर ये इतना ही अच्छा है तो सभी लोग इसको क्यों नहीं कर लेते? स्कूटर लेते समय तो आपने नहीं सोचा कि सभी के पास स्कूटर नहीं है तो मैं कैसे ले लूं? शादी तो आपने लपक के कर ली, उस समय तो आपने दूसरे कुंवारों के बारे मे नहीं सोचा तो इस बिजनेस के लिए ही खास तौर पर आप यह सवाल क्यों उठा रहे हैं?

ऐसा विश्व में कहीं भी नहीं होता कि समाज के सभी लोग एक जैसा काम एक साथ करने लग जाएं। सभी जानते हैं कि डॉक्टर, इंजीनियर, कॉस्ट एकाउंटेंट, चार्टर्ड एकाउंटेंट, एमबीए, आईएएस, आईपीएस इत्यादि की पढ़ाई मान-सम्मान और पैसा दोनों दिलाती है पर फिर भी सभी लोग इन क्षेत्रों में नहीं जाते और न ही इन क्षेत्रों में भी सभी लोग एक जैसी सफलता अर्जित कर पाते हैं। यह हर व्यवसाय के लिए सच है और इसलिए नेटवर्क मार्केटिंग के लिए भी सच है कि यह सब लोगों के लिए नहीं है।

कृतज्ञता की आशा करना बहुत बड़ी मानवीय भूल है

10. ये बड़ा कठिन काम है सफलता की संभावना बहुत कम है : यह प्रारंभ में ही स्पष्ट किया गया है कि नेटवर्क मार्केटिंग सरल है पर आसान नहीं है। आईएएस, आईपीएस, कॉस्टएकाउन्टेन्ट, सीए, सीएस

प्रतिभा किसी पर आसमान से नहीं बरसती, वह अंदर से ही जागती है। उसे जगाने के लिये केवल मनुष्य होना ही पर्याप्त है। वह अन्य कोई प्रतिबंध नहीं मानती। वह तमाम सवर्णों को छोड़कर रैदास और कबीर का वरण करती है, तो कभी सिद्धार्थ और महावीर जैसे राजकुमारों पर भी विराजती है; बलवानों, सुन्दरों को छोड़कर गांधी जैसे कमजोर शरीर और चाणक्य जैसे कुरुपों को वह प्राप्त होती है। उसके अनुशासन में जो आ जाता है वह बिना किसी भेदभाव के उसका वरण कर लेती है।

आदि में सफल होने वालों का प्रतिशत पांच सात प्रतिशत ही रहता है। कष्ट और कठिनाई का व्यवधान उन्नति की हर दिशा में मौजूद रहता है। ऐसी एक भी सफलता नहीं है, जो कठिनाइयों से संघर्ष किए बिना ही प्राप्त हो जाती हो। जीवन के महत्वपूर्ण मार्ग विघ्न-बाधाओं से सदा भरे रहते हैं। यदि परमात्मा ने सफलता का कठिनाई के साथ गठबंधन न किया होता, उसे सर्वसुलभ बना दिया होता, तो यह मनुष्य जाति का सबसे बड़ा दुर्भाग्य होता। तब सरलता से मिली हुई सफलता बिलकुल नीरस एवं उपेक्षणीय हो

Look people in the eyes.

जाती। जो वस्तु जितनी कठिनाई से और जितना खर्च करके मिलती है, वह उतनी ही आनंददायक होती है।

" उठ, बांधों कमर, क्यों डरता है, फिर देख खुदा क्या करता है!"

प्रतिभा किसी पर आसमान से नहीं बरसती, वह अंदर से ही जागती है। उसे जगाने के लिये केवल मनुष्य होना ही पर्याप्त है। वह अन्य कोई प्रतिबंध नहीं मानती। वह तमाम सवर्णों को छोड़कर रैदास और कबीर का वरण करती है तो कभी सिद्धार्थ और महावीर जैसे राजकुमारों पर भी विराजती है; बलवानों, सुन्दरों को छोड़कर गांधी जैसे कमजोर शरीर और चाणक्य जैसे कुरुपों को वह प्राप्त होती है। उसके अनुशासन में जो आ जाता है वह बिना किसी भेदभाव के उसका वरण कर लेती है।

अकसर ऐसा हो जाता है कि भूल-चूक से बचने वाले लोग वंचित ही रह जाते हैं। दुनिया में एक ही भूल-चूक है और वह है, भूल-चूक से बचने की अतिशय चेष्टा। कठिन काम है इसलिए तो इसे करना है वरना आप अपने बच्चें को आईसीडब्ल्यूए, मेडिकल या इंजीनियरिंग कालेज में जाने के नाम से डरा क्यों नहीं देते? बकौल शायर "उठ, बांध कमर, क्यों डरता है, फिर देख खुदा क्या करता है!"

11. अपने देश का पैसा विदेशी कंपनी में क्यों लगाएं : विश्व के आर्थिक परिदृश्य की ओर नज़र डालिए। आज आपको बाजार में कोरिया का लहसुन, चीन की गाजर, न्यूजीलैण्ड का सेब आसानी से मिल जाता है। सारा इलेक्ट्रानिक्स का सामान विदेशों में बनता है और बाजार में आसानी से खप जाता है। संचार क्रांति के इस दौर में हर देश एक बाजार है। नेटवर्क के आधार पर व्यापार करना देश की सरकार से मान्यता और

ओछा आदमी जरा सी आलोचना पर भड़क उठता है।

अनुमति प्राप्त है। पैसा कमाने के लिए लोग विदेशों में जाकर नौकरी करते हैं। ध्यान रहे कि पैसा लगाने जैसी बात नेटवर्क मार्केटिंग में लागू नहीं होती, क्योंकि आप कम्पनी से मात्र बिजनेस किट खरीदते हैं जिसमें प्रोडक्ट होते हैं।

12. पैसा सब कुछ नहीं होता। पैसे से मानसिक शांति नहीं मिलती :

संपन्नता और मानसिक शांति का संबंध व्यक्तिगत स्वभाव पर निर्भर है। बहुत सारे गरीब लोगों को भी मानसिक शांति का यह वरदान प्राप्त होता है। मानसिक शांति प्राप्त करने के लिये धन्ना सेठ होना जरूरी नहीं लेकिन पैसे की कमी के कारण आप ऐसे तत्व से वंचित रह जाते हैं जो जीवन को रंगीन बनाता है। पैसे से खुशी नहीं खरीदी जा सकती लेकिन असुविधाएं ज़रूर कम की जा सकती है। यदि आपको हर समय यह चिंता सताती रहती है कि डाक्टर की फीस कैसे अदा की जाएगी? किताबों और स्कूल की फीस कब तक दी जा सकेगी? बिजली या फोन का बिल कम कैसे आए? क्या इस साल भी घर की पोताई नहीं हो पाएगी? तो आपका मन कैसे शांति का अनुभव कर सकता है। अगर पैसों की कमी के कारण आपको गंदी बस्ती में रहना पड़ रहा है और आपको यह चिंता लगी रहती है कि इस वातावरण का मेरे बच्चों पर क्या असर पड़ेगा, तो आपको मानसिक शांति कैसे मिल सकती है? संपन्न लोग मानसिक शांति के साथ जीते हैं पर अगर व्यक्ति की मुख्य चिंता यह हो जाए कि संपन्नता की रक्षा किसी भी तरह की जाए तो मानसिक शांति गायब हो जाती है।

मनुष्य संपत्तियों से नहीं वरन् अपने विचारों एवं नज़रिये के कारण ही शांत और सुखी रह सकता है। गुण, कर्म और स्वभाव को उच्चस्तरीय

Help people but never do what they should do for themselves.

बनाये बिना, कर्तव्यों को आनंदपूर्वक निभाये बिना प्रचुर संपत्ति प्राप्त कर लेने पर भी चैन से नहीं रहा जा सकता। व्यक्ति की अंतःचेतना अगर निकृष्ट स्तर की बनी रहे तो कुबेर जैसा धन और इंद्र जैसा वैभव होते हुए भी उसे असंतोष एवं विक्षोभ की ज्वाला में जलते रहना होगा।

मनुष्य आर्थिक प्राणी नहीं है और पैसे में ऐसा कुछ भी नहीं है, जो आनंद दे सके। आदमी के पास कितना भी धन या जमीन आ जाए वह संपन्न नहीं हो सकता अगर उसका हृदय दरिद्र है। दरिद्रता या संपन्नता इससे तय नहीं होती कि किसी व्यक्ति के पास क्या है, बल्कि इससे तय होती है कि वह क्या है? यह बिजनेस आपको कितना धन देगा यह तय नहीं है पर यह तय है कि इसकी शिक्षा से आपके हृदय की विशालता का आभास आपको हो जाएगा। इसका एजुकेशन सिस्टम बहुत शानदार होता है : यह बिजनेस आपके व्यक्तित्व को निखारेगा और आपकी विचारधारा को सकारात्मक और प्रगतिशील बनाएगा इसमें किसी को रत्ती भर भी संदेह नहीं करना चाहिए। आप खुद ही देख लीजिए कि इसी बिजनेस के कारण ही तो इतनी अच्छी किताब आपके हाथ में है।

13. इसमें आना था तो पहले आना था। जो पहले आ गए वो अच्छा कमा गए अब इसमें कुछ नहीं रखा है। इसमें तो अब सेचुरेशन हो गया है।

यह सारा बिजनेस प्रोडक्ट पर आधारित है, जिनकी संख्या समय के साथ बढ़ती है। अतः इसमें आने का सबसे सही समय अभी है। पहले आना था कहकर आप यह तो मान ही रहे हैं कि पहले आप गलती कर चुके हैं और अब आप दूसरी ग़लती यह कर रहे हैं कि इसमें आने में देर कर रहें हैं।

दरअसल प्रोडक्ट के साथ-साथ कारपोरेशन सर्विस सेक्टर अर्थात टेलीफोन, रसोई गैस, पेट्रोल, बिजली इत्यादि क्षेत्रें में भी प्रवेश करने की

ऐसा नहीं है कि दुनिया में सिर्फ आपके सामने ही मुश्किलें है।

योजना के साथ काम शुरू करता है। अतः बिजनेस का वाल्यूम बढ़ता ही जाता है। अगर आप अपनी जानकारी थोड़ा बढ़ाएं तो आपको यह पता चल जाएगा कि नेटवर्क मार्केटिंग में ऐसा कई बार हुआ है कि नए वितरकों ने पुराने वितरकों को पीछे छोड़ दिया है। ऐसे भी कई वितरक हैं, जो बाद में आए पर जिनकी आमदनी अपनी अपलाइन से बहुत ज़्यादा है। इस बिजनेस में आपकी आमदनी आपके आने के समय से तय नहीं होती, बल्कि तय होती है आपकी लगनशीलता से तथा आपकी प्रतिबद्धता से। यह कोई पिरामिड स्कीम या चेन सिस्टम नहीं है। अतः यह सोचना तो बिल्कुल ग़लत है कि पहले आने वाला बाद में आने वाले से अधिक ही कमाएगा। आप उस वितरक से अधिक कमा सकते हैं जिसने आपको स्पांसर किया है। आप अपनी अपलाइन से ज़्यादा कैसे कमा सकते हैं यह जानने के लिये आपको परफारमेंस बोनस के चार्ट का अध्ययन करना चाहिये।

अब सेचुरेशन की बात करते हैं। आज आपको हर हाथ में घड़ी दिखाई पड़ती है तो क्या घड़ी से सेचुरेशन हो गया? हर घर में टीवी, फ्रिज, पंखे, साइकिल, स्कूटर या मोटर साइकिल दिखाई पड़ती है तो क्या इनसे सेचुरेशन हो गया है? ऐसा नहीं है क्योंकि उपभोक्ता शाश्वत है अतः सेचुरेशन जैसी कोई बात सही नहीं है। यह प्रारंभ में ही बताया गया है कि नेटवर्क मार्केटिंग उन उत्पादों से की जाती है, जिनकी मांग कभी खत्म नहीं होती। अगर सेचुरेशन ही होना होता तो आपका रास्ता कौन देख रहा है। यह बिजनेस आप तक पहुंच गया इसका मतलब ही है कि अभी तक सेचुरेशन नहीं हुआ।

14. हम घर-घर जाकर हाथ नहीं जोड़ सकते और न ही किसी का दरवाजा खटखटा सकते हैं। हम सेल्स मेन जैसा काम नहीं कर सकते।

Associate yourself with people of good quality. It is better to be alone than to be in bad company.

सबसे पहली बात तो ये कि सेल्स मेन का काम कोई लज्जाजनक काम नहीं है। दुनिया में सबसे ज्यादा बिजनेस सेल्स के नाम पर ही होता है इसलिए सेल्समेन का काम भी उतनी ही इज़्ज़त का है, जितना और कोई दूसरा काम। सेल्समेन उन लोगों से हजार गुना अच्छा है जो घूस लेकर काम करते हैं। मैं सेल्समेन जैसा नहीं हूं कहकर आप दो ग़लती एक साथ कर रहें हैं पहली तो यह कि आप सेल्समेन को छोटा और खराब कह रहे हैं जो आपकी छोटी बुद्धि का सूचक है और दूसरा ये कि आप ये ग़लतफ़हमी भी पाल रहे हैं कि आप कुछ बेच नहीं रहे हैं। बेच तो आप भी रहे हैं और सेल्समेन तो आप भी हैं पर आपका प्रोडक्ट दिखाई नहीं पड़ रहा है। मसलन कि अगर आप प्रोफेशनल हैं तो आप अपना ज्ञान और समय बेच रहे हैं। अगर आप किसी काम में कुशल हैं तो आप अपनी कुशलता बेच रहे हैं। नौकरी में है तो आप अपना समय और अपना स्वाभिमान बेच रहे हैं।

रहा सवाल दरवाजे खटखटाने का। तो दरवाजा तो आप रोज-रोज खटखटाते ही हैं। कभी बास का, तो कभी डॉक्टर का, तो कभी मित्र का तो कभी बच्चे के टीचर का। जरा आप सोच के बताइये कि नौकरी खोजने के लिये कितनों दरवाजों में आप 'मे आइ कम इन सर' कह चुके हैं? अपनी लड़की या लड़के की शादी के लिये कितने दरवाजे खटखटाएंगें आप? कोई अगर कह देगा कि उसे आपके लड़के या लड़की से शादी नहीं करनी तो आप क्या उसकी शादी का इरादा छोड़ देंगे या कि अगले अवसर की तलाश करेंगे? बच्चों को मनपसंद स्कूल में एडमिशन कराने के लिए कितने पापड़ बेले हैं आपने? इन उदाहरणों से ज़ाहिर होता है कि जब हम किसी भी काम को प्रतिबद्धता या कमिटमेंट के आधार पर करते

अच्छी चीज़ों का लाभ उठाना ज़िंदगी की महत्वपूर्ण बात नहीं है। कोई मूर्ख भी ऐसा कर सकता है। असली महत्व की बात तो यह है कि हम अपने नुकसानों से लाभ उठा सकें। इसमें बुद्धिमानी की ज़रूरत होती है।

हैं, तो अपनी सुविधा या अहं को ताक पर रख देते हैं और हम उस काम को तब तक करते रहते हैं, जब वो हमारे मन मुताबिक़ नहीं हो जाता। यह भी ऐसा ही काम है जिसे आपको तब तक करते रहना है जब तक यह आपको आपके मन मुताबिक़ परिणाम नहीं दे देता।

अब आते हैं घर-घर जाने की बात पर। आपको अपने आस-पास देखने से ही पता चल जाएगा कि नेटवर्क मार्केटिंग इंजीनियर, डाक्टर, कॉस्ट एकाउन्टेंट, चार्टर्ड एकाउन्टेंट, प्रोफेसर, आफिसर सभी श्रेणी के लोग कर रहे हैं। अगर यह आपकी इज़्ज़त पर बट्टा लगाने जैसा कोई काम होता तो आपसे ज्यादा पैसे वाले, आपसे ज़्यादा पढ़े-लिखे, आपसे ज़्यादा संपन्न लोग आखिर यहां कर क्या रहे हैं? इस सवाल का जवाब आपको ज़रूर खोजना चाहिये।

अगर कोई अपना प्रोडक्ट बेचने के लिये सेल्समेन की तलाश कर रहा हो तो वो आपके पास कतई नहीं आएगा। सीधी सी बात है कि वो अखबार में एक विज्ञापन देगा। उसके पास बेरोजगारों की लाईन लग जाएगी। उसमें से वो अपनी पसंद के सेल्समेन छांट लेगा और उनको कमीशन आधार पर प्रोडक्ट दे देगा, वे आएंगे आपकी घंटी बजाएंगे और आपको प्रोडक्ट दिखाएंगे अगर आप ने खरीद लिया तो ठीक, वरना वे आपके पड़ोसी की घंटी बजा देंगे। नेटवर्क मार्केटिंग में ऐसा कुछ नहीं होता। अब आपको अपने दिमाग़ पर ज़ोर देकर यह सोचना चाहिए कि नेटवर्क मार्केटिंग करने वाली कोई भी कम्पनी सेल्समेन के लिये अखबार में कोई विज्ञापन क्यों नहीं दे देती? वो आपके परिचित को ही आपके घर क्यों भेजती है? मेरे सर्किल में कोई ऐसा नहीं जो इसे करना चाहेगा। नया सर्किल बनाने में लग जाइये, भविष्य बनाने के लिए सर्किल बदलना घाटे का सौदा नहीं है।

It is easy to say no. It is difficult to listen no. Learn the difficult part. Ignore the easy part.

15. आपने कौन-सा तीर मार लिया है? आपको कितने का चेक आ रहा है? आप कब से इस बिजनेस में हैं और आज आपका लेवल क्या है?

बिजनेस नहीं करके आपने भी कौन-सा तीर मार लिया है। दूसरों के तीर मारने से आप तीरंदाज नहीं बन जाएंगे। न ही आपका निशाना सही हो जाएगा। दूसरों के चेक आने से आपका फोन या बिजली का बिल या बच्चों की फीस नहीं पट जाएगी। दूसरों की कमी की आड़ में अपने आलस्य को न्यायोचित ठहराने की कोशिश मात्र आपको ही नुकसान पहुंचाएगी। अगर दूसरे बीमार पड़ते हों तो क्या आप भी बिस्तर पकड़ लेंगे। दूसरे अगर किसी काम में असफल होते दिख रहे हों तो क्या आपका भी असफल होना तय हो गया। दूसरों का परफारमेंस ही देखना है तो उनका देखिए जो आपसे आगे हैं और आपसे ज़्यादा क़ाबिल हैं। वैसे भी जो तीर मार लेगा वो आप जैसों से बात करने भी क्यों आएगा?

ऐसा तो इस बिजनेस में ही मुमकिन है कि जो आपको बिजनेस बताने आया है। आप उससे आगे निकल सकते हैं और आपका चेक अमाउंट उसके चेक अमाउंट से ज्यादा हो सकता है, इसलिए ये मत पूछिए कि आपको कितने का चेक आ रहा है। ये हिसाब लगाइये कि आपको कितने का चेक आ सकता है। ये किसी से मत पूछिए कि आपका लेवल क्या है ये पता लगाइये कि आपका लेवल क्या हो सकता है?

16. लोग क्या कहेंगे? कहीं भी मिलने जाएंगें तो लोग मिलने से कतराएंगे।

यह अवस्था करीब-करीब सबकी है। ऐसी ही बहानेबाजी में आदमी सदियों से जीता चला आ रहा है। जीवन के वास्तविक प्रश्नों को टालता हुआ, आशा रखता हुआ कि कल असली समस्याओं से जूझ लेंगे। पहले छोटी-छोटी समस्याओं से तो निपट लें और छोटी समस्याओं का कोई अंत

आवश्यकता कभी मुनाफे का सौदा नहीं करती।

नहीं है। जीवन का अंत है पर समस्या का नहीं है। लोग क्या कहेंगे यह आपका वास्तविक भय है या यह भी काम नहीं करने का बहाना मात्र है। लोग क्या कहेंगे यह डर तो है, पर आखिर क्या कहेंगे। जरा सोचें कि अभी तो आप यह बिजनेस नहीं करते हो तो भी लोग आपके बारे में क्या कहते होंगे? गुटका खाने, सिगरेट पीने, शराब पीने, जुआ खेलने, झूठ बोलने, घूस लेने, घूस देने, बिना टिकिट लिए प्लेटफार्म में घुसने, ग़लत साइड से गाड़ी निकालने में, सरकारी गाड़ी से बच्चों का स्कूल भेजने में, इनकम टेक्स का झूठा रिटर्न भरने में, सरकारी नौकर से घर का काम कराने में, घर के आगे कचरा फेंकने में, साफ दीवारों पर थूकने में, आफिस देर से जाने और जल्दी घर भाग जाने में, गालियां बकने में, गंदे चुटकुले सुनाने में, गंदे एसएमएस भेजने में आप कहां सोचते हैं कि लोग क्या कहेंगे तो फिर यहां क्यो बहानेबाजी करते हैं? जो लोग यह बिजनेस सफलतापूर्वक कर रहे हैं, उन्हें देख लीजिये आपको इसका जवाब आसानी से मिल जाएगा।

लेकिन मैं जानता हूं कि बात कहां अटकती है। हमारा अहंकार लोगों के मन्तव्यों पर निर्भर होता है और जब वे अपना मन्तव्य बदलने लगते हैं, तो हमारा अहंकार खिसकने लगता है। उन्हीं की ईंटों से बना है। उन्हीं ने कहा था कि बड़े समझदार तो हम अपने को समझदार मान कर अकड़े-अकड़े चल रहे थे। वे ही जब कहने लगे कि यह कहां फंस गया, तो हमारे हौंसले पस्त हो जाते हैं, ऐसी उधार की अदाओं पर जीने से फायदा भी क्या है?

खोने को क्या है इस बिजनेस में? क्या लगा रहे हैं आप इस बिजनेस में? क्या कोई आपसे छीन लेगा? यह फैसले की घड़ी है। कहीं ऐसा न हो कि आप लोगों के मन्तव्यों के विचार करते-करते जीवन को गंवा दें और तब यही लोग आपकी अर्थी उठाकर आपको जला आएंगे और

Beware of the person who has nothing to loose.

लौटकर देखेंगे भी नहीं कि आपका कुछ निशान भी बाकी है या नहीं। लोगों के मन्तव्यों का क्या हिसाब रखना। खोएंगे तो आप कुछ भी नहीं, हां पा बहुत कुछ सकते हैं। यह सौदा तो करने जैसा है।

17. बाद में देखेंगे यार अभी कुछ दूसरे काम निपटा लें : अक्सर लोग यही करते हैं कि सार्थक को टाल देते हैं। आज करेंगे व्यर्थ और कल के लिये टालेंगे सार्थक। यह बिजनेस दो कौड़ी की नौकरी और दो कौड़ी के बॉस से मुक्ति का नाम है। नौकरी है एक दासता का सिलसिला और बिजनेस है स्वतंत्रता की घोषणा। यहां आपको नौकरी के खिलाफ नहीं भड़काया जा रहा है सिर्फ ये बताया जा रहा है कि नौकरी अमीर बनने के लिए उपयुक्त साधन नहीं है। उससे जीविका तो चल सकती है, पर समृद्ध नहीं बना जा सकता। इस बिजनेस को करने के लिए किसी भी काम को छोड़ने की आवश्यकता नहीं है। दूसरे काम निपटाने के दौरान भी यह बिजनेस किया जा सकता है। यह बिजनेस तो आपकी वर्तमान में चल रही दिनचर्या में ही समा जाएगा। इसके लिये अलग से आयोजन करने की ज़रुरत नहीं है। यह फुलटाईम बिजनेस वैसे भी नहीं है, आप तो बस अपने खाली समय का सम्मान करिए और मात्र उसे ही इस बिजनेस में लगा दें।

18. अच्छा ये तो बताइए कि आपको किसने बनाया?

ईश्वर ने।

19. सब सही है साहब आपकी हर बात ठीक है, पर मैं तो एक को भी राजी नहीं कर सकता। मेरे कहने से तो कोई नहीं आएगा।

अगर आपकी रिपुटेशन इतनी खराब है और आपका, कान्फिडेंस इतना लो है तो फिर रहने दीजिए। ये बिजनेस आपके लिए नहीं है, क्योंकि हमें उन लोगों की तलाश है जिनकी सेल्फ इमेज़ और सोशल इमेज़ अच्छी है। हम दूसरे से बात करेंगे। पर आप यह ज़रुर सोचिए कि अपनी रिपुटेशन

उत्तरदायित्व से शिक्षा प्राप्त होती है।

सुधारने के लिए और अपना कान्फिडेंस बढ़ाने के लिए आपको क्या करना चाहिए। साथ ही यह भी जानना ज़रूरी है कि अमीर बनना और ग़रीबी में रहना दोनों ही कष्टदायक है आप कौन सी तकलीफ उठाना चाहेंगें। आज विचार कीजिए कि आप इतने नीचे कब और कैसे पहुंच गए कि किसी को आप पर ज़रा भी भरोसा नहीं रहा और आज हालत ये हो गयी है कि आप खुद कह रहे हैं कि आपके कहने से कोई नहीं आएगा। यहां यह सवाल भी उठता है कि ऐसे लोगों के बीच आप कर क्या रहे हैं?

20. ये टोपी पहनाने का धंधा है, आपको किसी ने पहना दी तो आप हमको पहनाने चले आए।

ये टोपी आपको ठंड, गरमी और बरसात से बचाने के लिये ज़रूरी है। ये टोपी पहनने के बाद आप ज़्यादा स्मार्ट और ज़्यादा आत्मविश्वास से भरपूर लगेंगे। इस टोपी को पहनने के बाद कइयों ने अपने बॉस को गुडबाय बोला है और आप भी बोल सकते हैं। यह टोपी आपको तथा आपके परिवार को नई ताज़गी और सुकून देने वाली है। अतः आपको इसे पहनने में देर नहीं करनी चाहिए।

21. मान लीजिए कि मैंने किसी को फंसा कर मेम्बर बना ही लिया पर वो आगे मेम्बर बना नहीं पाया, तो वो तो मुझे गाली देगा कि नहीं, मुझे उसकी आह लगेगी कि नहीं।

यह सवाल बहुतों के जेहन में रहता है और इस बिजनेस से दूरी बनाए रखने का यह प्रमुख कारण है कि हम तो मेम्बर बन जाएंगे पर हम किसी को मेम्बर बना नहीं पाएंगें। यही काल्पनिक और आधारहीन भय इस बिजनेस से होने वाले फायदों पर भारी पड़ जाता है। जिसको इस बिजनेस के बारे में ज़रा भी जानकारी नहीं है, वही ऐसी बात सोच सकता है। अगर आप ऐसा सोचते हैं तो आपको एक दो सेमीनार में ज़रुर जाना

Use action to cure fears and hesitation. Do what you fear and fear disappears. Just try this and see.

चाहिए और इस बिजनेस में सफल लोगों से सम्पर्क बढ़ाना चाहिए, क्योंकि उनके साथ भी शुरू-शुरू में यही समस्या थी। इस किताब को एक बार और पूरा पढ़िए तो बात साफ हो जाएगी। अगर आपकी बात सही होती तो यह बिजनेस कब का बैठ गया होता।

22. आप झूठ कहते हैं कि यह बिना खर्चे का बिजनेस है। महीने में चार मींटिंग के सौ रुपए, फिर एक सेमीनार का तीन सौ रुपए, आने-जाने का करीब सौ रुपए इस तरह साल भर में करीब आठ हजार तो यों ही खर्च हो जाते हैं। एक कैसेट सौ रुपए का, कम से कम दो तो खरीदना ही पड़ता है, उसके करीब दो हजार सालाना देना, उसके बाद साल में दो बड़े पफंक्शन जिसमें प्रत्येक पर कुल मिलाकर दो हजार का खर्च पड़ता है। हम तो इसी में बरबाद हो जाएंगे। जिसको मेम्बर बनाएंगे उस पर भी ऐसा ही भार पड़ेगा। ऊपर से करेले को नीम में चढ़ाने के लिए मीटिंग में ये भी बोला जाता है कि अपनी पत्नी के साथ आओ।

यह प्रश्न बिजनेस से भागने का प्रमुख कारण है और नए आदमी को बिजनेस में आने से रोकने के लिये मुख्य रुप से जिम्मेवार है। आपने पूरा विवरण ध्यान से पढ़ा नहीं है। आप ऊपर के किसी भी खर्चे के लिए बाध्य नहीं हैं। आपकी मर्ज़ी पर निर्भर है कि आप ये खर्चे करें या नहीं करें और अगर कोई भी इन खर्चों को बिजनेस सीखने के लिये ज़रूरी बताता है तो वह आपको गलत सलाह दे रहा है। और आप सही कहते हैं कि हम तो इसी में बरबाद हो जाएंगे क्योंकि जब आप खर्च ज़रूरत के अनुसार न करके, किसी की बातों में आकर करते हैं तो आपकी बरबादी निश्चित है। आप आईबीओ अर्थात इनडिपेंडेंट बिजनेस ओनर हैं, इसलिए आप स्वयं

उत्साह मनुष्य की कार्यशीलता का मापदंड है।

ही ये तय कीजिए कि आपको इन खर्चों की आवश्यकता है भी या नहीं और अगर है, तो कितनी? अगर आपको ये खर्चे ज़्यादा लगते हैं तो आप मत करिए, क्योंकि इन खर्चों का आपके बिजनेस के बढ़ने से कोई सीधा संबंध नहीं है, वो तो तब बढ़ेगा जब आप किसी को स्पांसर करेंगे। जो अंधों जैसी नक़ल करता है उसका क्या किया जा सकता है? इस बिजनेस में सीखने लायक कुछ खास है भी नहीं, लोगों को स्पांसर करो और बात खत्म करो, इसके लिए पैसा खर्च करने की कोई ज़रूरत नहीं है। जिस बिजनेस में सीखने को कुछ खास है ही नहीं उस बिजनेस को सीखने के नाम पर अगर आप हजार रुपए महीने खर्च करेंगे, तो आपको अक़्लमंद कहना बेवक़ूफी होगी। आप खर्चे से परेशान होकर ही इस सरल बिजनेस में आए हैं जिसमें सीखने के लिये पैसा खर्च करने की कोई ज़रूरत नहीं है। मेरिट में आने के लिये ट्यूशन पढ़ना कतई ज़रूरी नहीं पर कोचिंग वाले तो बोलते ही रहते हैं कि हमारे यहां से पढ़ोगे तो मेरिट में ज़रूर आवोगे, क्योंकि उनको अपना काम निकालना है और अगर अपना काम निकालने के लिए आपका तेल भी निकालना पड़े तो उन्हें एतराज नहीं है, इसीलिए यह बात आपके दिमाग़ में जबरदस्ती बिठाई जा रही है कि आप इन खर्चों के बगैर यह बिजनेस कर ही नहीं सकते पर आपकी बुद्धि क्या कर रही है? आप यहां खर्चे बढ़ाने थोड़ी आए हैं और अगर आप ऐसे खर्चे करेगे तो आपका बिजनेस तो नहीं होगा, पर आपका बाजा ज़रूर बज जाएगा। इसीलिए कारपोरेशन ने अपने मेनुअल और बिजनेस पॉलिसी में आपको ऐसे खर्चों से सावधान किया है। आप कारपोरेशन की समझदारी पर यकीन रखें कि उसने बिजनेस करने के लिए किट के अलावा और किसी भी खर्चे को पूरी तरह नकार दिया है।

Drink a lot of water daily.

आपको पचास साठ रुपए महीने की रिन्यूवल फीस जो साल में एक बार ली जाएगी के अलावा कोई भी खर्चा नहीं लगता। आप किसी की बातों में नहीं आएं और बिजनेस सिखाने जैसी फालतू की बातों के शिगूफे से दूरी बनाए रखें। अगर आप हर मीटिंग अटेण्ड करेंगे हर सेमीनार में मौजूद रहेंगे और हर मेगा फंक्शन में बिजनेस सीखने के नाम पर जाते रहेंगे तो आपका बाजा बजना निश्चित है। एक दो बार अटेण्ड करना तो अनुभव के लिहाज से ठीक है, पर अगर ऐसी जगहों पर हर बार आप अपनी पत्नी या पति को भी ले जाते हैं, तो आपका कबाड़ा हो ही जाएगा। मैंने खुद कुछ अक्ल के अंधे ऐसे भी देखे हैं जो उधारी लेकर मेगा फंक्शन अटेण्ड करने दिल्ली गए थे, अब ऐसों की अक़ल को क्या कहा जाये और जिन्होंने उनको ऐसा बना दिया वे भी कम अपराधी नहीं हैं। आप इन सारी चीज़ों के बगैर यह बिजनेस आसानी से कर सकते हैं इसलिए अगर आपकी आर्थिक स्थिति ऐसी है कि आप इनको सहन नही कर सकते हैं तो आपको ये खर्चे कतई नहीं करने चाहिए नहीं तो आप बड़े कटु अनुभव के साथ इस बिजनेस से बाहर हो जाएंगें।

मीटिंग, किताबें, सेमीनार, फंक्शन बहुत उपयोगी हैं। ये आपको बिजनेस के दौरान होने वाली नकारात्मक प्रतिक्रियाओं के प्रभाव से मुक्त रखते हैं। आपको इनका उपयोग समझदारी से करना चाहिए। ये आपको बिजनेस में बनाए रखने और गतिमान करने में बहुत उपयोगी भूमिका निभाते हैं। ये भोजन की तरह हैं। अगर सही मात्र में सही समय पर खाये जाएं तो आपको स्वस्थ और प्रफुल्लित रखते हैं, पर अगर ज्यादा ख़ा लिए जाएं तो रोगी बनाकर आपका दिमाग़ ख़राब कर सकते हैं।

मित्रता और शांति से एकता संभव नहीं होती।

23 : मेरे सर्किल में कोई ऐसा नहीं है, जो इसे करना चाहेगा।

नया सर्किल बनाने में लग जाइए। भविष्य बनाने के लिये सर्किल बदलना घाटे का सौदा नहीं है।

Get advice from successful persons. Avoid freelance advisors.

नेटवर्क मार्केटिंग के संबंध में जानने योग्य बातें

- यह कोई मेम्बर बनाने वाली स्कीम नहीं है और न ही ये घर-घर जाकर प्रोडक्ट बेचने का धंधा है। यह एक गंभीरता से किया जाने वाला व्यवसाय है, जो आपके समय और ध्यान की मांग करता है। यह आपको रातोंरात रईस बनाने वाला बिजनेस कतई नहीं है।
- अगर आप महत्वाकांक्षी हैं और अपनी क़ाबलियत का लोहा मनवाना चाहते हैं, तो आप यह बिजनेस अवश्य करें। अगर आप तुनकमिजाज हैं या लो प्रोफाइल में रहना पसंद करते हैं, तो आप यह बिजनेस न करें।
- इस बिजनेस में चालाकी और झूठ नहीं चलते। इनसे परहेज करें। इस बिजनेस के लिए तीन चीज़ों को कभी न छोड़ें, भगवान, परिवार और नौकरी या आय का वर्तमान साधन।
- यह बिजनेस पारिवारिक स्वरूप का है, जिसमें महिलाएं और पुरुष एक साथ काम करते हैं और कहीं-कहीं तो महिलाओं की संख्या

दुर्बल-जन तथा अज्ञानी लोग ही हमेशा सबसे अधिक छिद्रान्वेषण किया करते हैं।

ज़्यादा है। आपकी नज़र और नीयत बिलकुल साफ रहनी चाहिए। यह उच्च दर्जे की मानसिकता, दृष्टिकोण और चरित्र की मांग करता है।

- अगर पांच हजार रुपए आपके लिए बड़ी रकम है तो आप इसे न करें। परंतु इसी समय यह भी सोचें कि अगर आपके पास पांच हजार रुपए नहीं हैं तो आपके पैसा कमाने के सिस्टम में कुछ कमी ज़रूर है।
- कुछ दोस्त आपका मजाक उड़ाएंगे और कुछ निरुत्साहित करने का प्रयास करेंगे और कुछ आपको यह समझाने का प्रयास करेंगे कि यह बिजनेस नहीं चलता। यह सबके साथ होता है और यह आपके साथ भी होगा। अगर आप मानसिक रुप से इसके लिए तैयार नहीं हैं, तो आप इससे दूर ही रहें।
- यह देखा गया है कि जो लोग इसका मज़ाक उड़ाते हैं या इसके कटु आलोचक होते हैं, वो बाद में न सिर्फ इसे ज़्वाइन करते हैं, बल्कि पर्याप्त सफलता भी अर्जित करते हैं।
- अमीर बनना आसान नहीं है मगर ग़रीबी में रहना भी कौन-सा आसान है? इस बिजनेस को करने में जो भी समस्या आती हैं वे सब अस्थायी होती हैं, परंतु न करने में जो समस्या आपके सामने है वो स्थायी ही रहेगी। अनुशासन और पछतावा दोनों ही कष्टदायक हैं। ज़्यादातर लोगों को इन में से एक को चुनना होता है। जरा सोचिए, इन दोनों में से कौन ज्यादा तकलीफदेह है।
- लगभग पचास प्रतिशत लोग इसे तीन महीनों के भीतर छोड़ देते हैं। उनमें से अधिकांश बिना किसी से बात किए ही इसको छोड़ देते हैं। औसत दर्जे के लोग किसी बड़ी परीक्षा में फेल होना तो दूर, उसके परीक्षा हॉल के पास भी नहीं फटकते। यह तीसमारखां

Learn to like things that need to be done.

टाइप के लोगों के लिए नहीं है जो अपने सामने किसी को कुछ समझते नहीं पर वास्तव में खुद कुछ होते नहीं।

- तीन सवालों का जवाब जाने बगैर यह बिजनेस करना बेकार है। पहला तो यह कि यदि आप यह बिजनेस नहीं करते तो आज से तीन या पांच सालों बाद आप कहां पर होंगे? दूसरा यह कि अगर आप यह बिजनेस करते हैं और यह नहीं चलता है, तो आपका क्या बिगड़ जाएगा? और तीसरा यह कि अगर आप यह बिजनेस करते हैं और यह चल जाता है तो आप आज से पांच या सात या दस साल बाद कहां पर होंगे? आपकी सामाजिक प्रतिष्ठा, आपके दोस्त, आपका घर और आपका व्यक्तित्व कैसा होगा? अगर तीसरे सवाल के जवाब में आपको झुरझरी-सी नहीं होती तो, आप इसे न करें।
- परिवार के साथ अपना ग्रुप फोटो देखें और अपनी फोटो पर क्रास लगा दें। अगर आपके न रहने से आपके परिवार की जीवन शैली वही रहती है, तो आपको इस बिजनेस की ज़रूरत नहीं है।
- अगर आप वही करेंगे, जो आप करते आए हैं, तो आपको वही मिलेगा जो मिलता आया है। आपको अगर अपने जीवन में कुछ बदलाव की ज़रूरत महसूस होती है, तो आप इस बिज़नेस को गंभीरतापूर्वक समझने का प्रयास करें। अगर आप पर लोग हंस नहीं रहे हैं या आपकी आलोचना नहीं कर रहे हैं, तो आप कुछ खास कर भी नहीं रहे हैं।
- हो सकता है कि आप इस मुग़ालते में जी रहे हों कि आप बड़े आदमी हैं, यह बिजनेस आपके स्टैण्डर्ड का नहीं है और अगर आपको कोई ना बोल देगा तो आपकी इज़्ज़त; (आपकी नज़र में) मिट्टी में मिल जाएगी। अगर ऐसा है तो आपको यह देखना

ज्ञान अनन्त है।

चाहिए कि आपसे ज़्यादा पैसे वाले और आपसे ज़्यादा पढ़े-लिखे तथा आपसे ज़्यादा पहुंच वाले लोग इस बिजनेस में क्या कर रहे है। इस बिजनेस में डाक्टर, इंजीनियर, आईएएस, सीनियर अफसर, बड़े बड़े अभिनेता, कॉस्ट एकाउन्टेंट, चार्टर्ड एकाउन्टेंट श्रेणी के लोग हैं जो इस बिजनेस को विश्वसनीयता प्रदान करते हैं।

- नेटवर्क मार्केटिंग में वो लोग आते हैं, जिन्हें नए जवाबों की तलाश रहती है। अगर आपको सीखना और सिखाना अच्छा लगता है या दूसरों के साथ नए विचार बांटने में आपकी रुचि है, तो यह आपके लिए एक रोमांचक अनुभव हो सकता है।

Use good cheerful words in your language. Avoid negative words while speaking.

वितरक के सामने आने वाले
सवाल

यह बिजनेस लोगों से बात करने का बिजनेस है। इस बिजनेस को करते समय अकसर कुछ सवालों का सामना करना पड़ता है। सुविधा के लिए एक लिस्ट आगे दी जा रही है। अगर आपने ऊपर का सारा विवरण ध्यान से पढ़ा है, तो आपको इन सवालों के जवाब देने में आसानी होनी चाहिए। यह कहने की आवश्यकता नहीं है कि सारी लिस्ट में सिर्फ झूठ-ही-झूठ है।

झूठा आदमी कसमें खाने में उदार होता है।

- इसमें झूठे ग्लैमर और सपने दिखाये जाते हैं। हर आदमी को करोड़पति बनाने की बात की जाती है।
- सेचुरेशन हो गया है, जिनको कमाना था वो कमा के जा चुके अब इसमें कुछ रखा नहीं है।
- यह एक पिरामिड स्कीम है, जिसमें आप अपने दोस्तों का फायदा उठाते हैं।
- ये चेन सिस्टम है, जिसमें जो पहले आया है वो ज्यादा कमाएगा।
- हम अपने में संतुष्ट हैं, हमको ज़्यादा पैसे का लालच नहीं है।
- पहले आपका परफारमेंस देख लेते हैं फिर सोचेंगे।
- किट महंगी है। प्रोडक्ट भी महंगे हैं और किसी काम के नहीं हैं। हम नहीं खरीद सकते।
- ये टोपी पहनाने का धंधा है, आपको किसी ने पहना दी तो आप हमको पहनाने चले आए।
- यह लोगों को पकड़-पकड़ कर मीटिंग, सेमीनार में लाने का धंधा है। इसमें लोग कैसेट सुन-सुन कर अपना दिमाग़ ऐसा खराब लेते हैं कि इलाज करवाना पड़ता है।
- लोग साल भर में ही कैसेट, मींटिंग और सेमीनार के खर्चे में टूट जाते हैं।

Don't expect life to be fair.

आखिर इसमें करना क्या है ?

अक्सर यह बात आती है कि आखिर इसमें करना क्या है? बिंदुवार क्रम नीचे दिया हुआ है—

- रुचि और सोच में बदलाव। नेटवर्क मार्केटिंग से संबंधित साहित्य पढ़ें, कैसेट सुने। और आवश्यक जानकारी प्राप्त कर शिक्षित हों। यह लोगों को बेवकूफ बनाने का बिजनेस नहीं है, बल्कि उन्हें शिक्षित करने का बिजनेस है। इसके लिए आपका स्वयं का शिक्षित होना ज़रूरी है।
- आमदनी के वर्तमान जरिए की सीमाओं और नजाक़त को समझें। अगर जो आप कर रहे हैं वो किसी कारण बंद हो जाता है तो आप क्या करेंगे? जीवन काटने में इतना व्यस्त न हो जाएं कि ज़िंदगी बदलने का अवसर ही न पहचान पाएं। संतोषी सदा सुखी या समय नहीं है कि गोली खाकर खुद को तथा दूसरों को धोखा देने से लाख गुना अच्छा है कि आप यह बिजनेस करें। ग़लत काम में

धन से धर्म होता है और उससे सुख होता है।

पास होने से अच्छा है कि किसी सही काम में पास होने की कोशिश करें भले ही बाद में फेल हो जाएं।

- समय की बरबादी का एहसास करें। कई बार आपके पास कोई काम नहीं होता और समय काटना एक समस्या हो जाती है। उस समय का आप सदुपयोग इस बिजनेस से संबंधित कार्यों में करें।
- निर्णय लें। लड़ाई से पहले ही हार की न सोचें वरना आपकी हार निश्चित है। निर्णय लेने में असुविधा या संशय हो रहा हो तो किसी सेमीनार में जाएं या उन लोगों से मिलें जो इस बिजनेस में हैं। सवाल पूछें। संतुष्ट हों।
- निर्णय लेने के पश्चात एक बिजनेस किट खरीद लें। यह न सोचें कि पांच हजार की किट से लाख रुपए महीने किस तरह से निकल सकते हैं? किट की कम कीमत से बिजनेस के पोटेंशियल का अंदाजा न लगाएं। किट के अंदर आपको अमीर बनाने के और आपके व्यक्तित्व को निखारने के सारे साजो-सामान मौजूद हैं अतः ध्यान से देखें। फार्म भरें और ज़्वाइन हो जाएं। प्रोडक्ट के बारे में पूरी जानकारी प्राप्त करें। प्रोडक्ट की जानकारी आपके बिजनेस की नींव है, इसे मजबूत बनाएं। प्रोडक्ट प्रशिक्षण अवश्य लें।
- जिस परमात्मा ने आपके दरवाजे पर यह बिजनेस भेजा है, वही इसे चलाता भी है। उस पर भरोसा रखकर अपना काम धीरज के साथ करते चलें। हर बिजनेस की तरह इस बिजनेस में भी निराशा के क्षण आते हैं, उन क्षणों में प्रार्थना अवश्य करें। इसे छोड़ने की कभी न सोचें।

The greatest foolishness is to reject something you know nothing about.

नेटवर्क मार्केटिंग में हां तक कैसे पहुंचें?

नेटवर्क मार्केटिंग में ऐसा कुछ भी नहीं है, जो ऐतराज के क़ाबिल हो पर फिर भी लोगों को इसमें राजी करने में सफलता का प्रतिशत कम है। 10-7-4-1 का फार्मूला याद कीजिए। आखिर क्या कारण है कि भविष्य के लिए इतना अच्छा अवसर मात्र दस प्रतिशत लोगों को अपील करता है। लोगों से हां कहलवाने का विज्ञान क्या है? आइए इस विज्ञान के विषय में कुछ जाने।

औसत का नियम कहता है कि दस में से एक आदमी आमतौर पर नेटवर्क में शामिल होता है, पर प्रत्येक दस में से नहीं। औसत का नियम काम करता है अगर आप पर्याप्त संख्या में लोगों से संपर्क करें। अर्थ यह हुआ कि यदि आप अधिक लोगों को आमंत्रित करते हैं तो आपकी सफलता का ग्राफ उपर जाएगा। आप जितनी बार लोगों को शामिल होने का आमंत्रण देते हैं उतनी बार आप आमंत्रण देने की कला में पारंगत होते जाते हैं चाहे लोग आपके आमंत्रण पर आएं या न आएं। दूसरे शब्दों में यह कहें कि आपको बहुत सारे लोगों को आमंत्रित करना है।

मनुष्य धन का दास है, धन किसी का दास नहीं।

जब आप नेटवर्क मार्केटिंग का व्यवसाय प्रारंभ करते हैं, तो आपको अभ्यास की आवश्यकता है। अतः अपने व्यवसाय को बनाने की प्रारंभिक अवस्था में आपको हर किसी से बात करने की आवश्यकता है। यदि आप किसी भी आधार पर छंटनी करेंगे कि 'यह नहीं करेगा','...ये तो बहुत स्मार्ट हैं' '....ये तो बहुत पढ़ा लिखा है' ' ...ये ज़्यादा गरीब है' '... ये ज़्यादा अमीर हैं' तो आप उस रास्ते पर चल रहे हैं जो असफलता की ओर ले जाता है। कुछ नेटवर्क बनाने के बाद आप सलेक्टिव हो सकते हैं पर प्रारंभ में तो सबसे बात करें चाहे वो हां कहने वाला हो या ना कहने वाला हो।

नेटवर्क मार्केटिंग में ऐसी कोई समस्या नहीं है, जो आपकी सक्रियता और उत्साह से सुलझ न सके। अगर आपके व्यवसाय की गति आपकी आशा के अनुकूल नहीं है तो आप कुछ न करें मात्र अपनी सक्रियता बढ़ा दें। औसत का नियम सुनिश्चित करेगा कि आप सफल हों। हर एक से मिलिए। हर एक से बात करिए यह आवश्यक और पहला नियम है। ध्यान रहे कि नेटवर्क मार्केटिंग में सफलता की कुंजी लोगों को राजी करने में नहीं बल्कि इस बात में है कि आप कितनी जल्दी अधिकाधिक लोगों से मिलते हैं, बाकि का काम तो औसत का नियम कर ही लेता है।

नेटवर्क मार्केटिंग के फायदों को क्रम में याद रखिए। यह क्रम है अतिरिक्त आमदनी, आर्थिक स्वतंत्रता, स्वयं का व्यवसाय, खाली समय का सदुपयोग, समय और धन की एक साथ प्राप्ति, व्यक्तित्व का विकास, दूसरों की मदद करना, नए-नए लोगों से मिलना और अगली पीढ़ी के लिए जायदाद छोड़ना। इस सूची को याद रखिए। आप भी इस सूची में बताए गए एक फायदे की वजह से इस व्यवसाय में हैं और जिससे भी आप बात करेंगे, वो इस सूची में दर्शाए कारणों में से एक या अधिक की

Most important things should never be left at the mercy of least important things.

वजह से इस व्यवसाय में शामिल होना चाहेगा। पर आपके शामिल होने की वजह ही सबके शामिल होने की वजह होगी, यह सोचना ग़लत है। अतः आपको अपने मित्र या परिचित के शामिल होने की वजह जानने की कोशिश करना चाहिए कि उनको इस व्यवसाय में क्या अपील करेगा। दूसरों की रूचि जानने के लिये उनसे सामान्य तरीके से यह सवाल पूछा जा सकता है कि 'क्या आपको मालूम है कि लोग इस व्यवसाय को क्यों अपनाते हैं? जवाब में वो कुछ भी कहे आप सुनते रहिए और बाद में आप यह सूची दोहरा दीजिए; क्योंकि आपको यह सूची एकदम रटी हुई है, उसके बाद आप यह पूछ सकते हैं कि '..आपको इन फायदों में से सबसे ज़्यादा क्या अपील करता है?' वो जो भी फायदा गिनाता है तो आप अगला सवाल पूछ सकते हैं कि वो यह फायदा पाने के लिये क्या-क्या कर सकता है? आप यह आफर दे सकते हैं कि आपके साथ काम करने से वो आसानी से वो पा सकता है, जो वो पाना चाहता है। अगर आपका पाला ऐसे आदमी से पड़ जाता है जिसको इस सूची में से कोई फायदा अपील नहीं करता है तो आप उस पत्थर दिमाग़ का नाम अपनी पेंडिंग लिस्ट में डाल दीजिए और दूसरे व्यक्ति से संपर्क करना शुरू कीजिए। हर बिजनेस की तरह इस बिजनेस में भी दो चार पत्थर दिमाग़ लोगों से आमना-सामना हो ही जाता है। आप चाहे स्कूल खोलें या अस्पताल, चाहे बिजनेस करें या नौकरी, पत्थर दिमाग लोगों से तो पाला पड़ेगा ही। कई लोगों की तो शादी ही पत्थर दिमाग़ से हो जाती है, वो भी आखिर किसी न किसी तरह उससे निपटते ही हैं। आप भी बिलकुल निराश न हों और अगले आदमी से बात करें।

हां कहने का विज्ञान नेटवर्कर के ऊपर निर्भर करता है। आपको यह साफ-साफ पता होना चाहिए कि आप क्या चाहते हैं और कब चाहते हैं। यह तय करने के बाद कि आपको कहां जाना है? कब जाना है? किस

धीरज सारे आनन्दों और शक्तियों का मूल है।

क्लास में जाना है ? तो आप प्रास्पेक्ट से पूछ सकते हैं कि उसे कहां जाना है? अगर उसे वहीं जाना है जहां आप जा रहे हैं, तो आप उसे कह सकते हैं कि हम दोनों साथ-साथ चलें तो दोनों के लिए आसान होगा और सफर भी आरामदायक हो जाएगा। यह राजी करने का नहीं बल्कि ख्वाहिश जगाने का बिजनेस है।

Without silence there is no music, there is only noise.

नेटवर्क मार्केटिंग और पिरामिड स्कीम में क्या अंतर है ?

आजकल बाजार में पिरामिड स्कीमों की बाढ़ आई हुई है। जहां देखो वहां कोई-न-कोई मेम्बर बनाने वाली स्कीम चल ही रही है। यही कारण है कि जब आप किसी से नेटवर्क मार्केटिंग के संबंध में बात करते हैं तो वो सतर्क और सशंकित हो जाता है और ऐसा रवैया अपनाता है जैसे कि वो सब कुछ जानता है। आपकी बात सुनते समय ही वह यह तय करने में लग जाता है कि आपको मना कैसे करना है। कारण यह है कि पहले भी उसके पास ऐसे कई प्रस्ताव आ चुके हैं और वह एकाध बार कोशिश करके देख भी चुका है। वह दो चार लोगों के पास पहले गया भी था पर उन्होंने उसे हाथ नहीं धरने दिया और उसके पैसे डूब गए थे, अतः वह लोगों से बात करने के नाम से ही घबराने लगता है। उसे पता नहीं रहता कि वह प्रिरामिड स्कीम में उलझ गया था तथा आप जो बात कर रहे हैं वह नेटवर्क मार्केटिंग के संबंध गें है। दोनों में क्या अंतर है इसके

अनुकरण एकदम कोरी चापलूसी है।

लिए निम्नलिखित तालिका उपयोगी होगी। इस तालिका का अध्ययन हर वितरक के लिये आवश्यक है क्योंकि, अक्सर इस संबंध में सवाल वितरकों से पूछे जाते हैं।

Life is for one generation; a good name is for ever.

A

नेटवर्क मार्केटिंग और एजुकेशन सिस्टम

नेटवर्क मार्केटिंग करने वाले कारपोरेशन के साथ-साथ कुछ एजुकेशन सिस्टम भी अपनी गतिविधियां समानांतर रूप में चलाते हैं। नेटवर्क मार्केटिंग के विज्ञान और अर्थशास्त्र को समझाने का काम एजुकेशन सिस्टम बड़ी कुशलता के साथ करते हैं। यहां यह बात ध्यान देने योग्य है कि नेटवर्क मार्केटिंग कारपोरेशन का कोई एजुकेशन सिस्टम अधिकृत तौर पर नहीं है। हर कारपोरेशन का मानना है कि नेटवर्क मार्केटिंग का बिजनेस करने के लिये आपको किसी खास एजुकेशन या टीचर की ज़रूरत नहीं है जो आपको सिखाए कि बिजनेस कैसे करना है वरना

अनुग्रह दासता है और दासता घृणास्पद है।

इसका भी इंतजाम कारपोरेशन के द्वारा किया जाता जैसे कि प्रोडक्ट ट्रेनिंग का किया गया है। अतः आपको यह बात स्पष्ट रूप से समझ लेनी चाहिए कि आपको किसी भी एजुकेशन सिस्टम से जुड़ने की बाध्यता नहीं है। यह एजुकेशन सिस्टम कानूनी रुप से मान्यता प्राप्त होते हैं तथा प्राइवेट लिमिटेड कम्पनी के रुप में अपनी गतिविधियां चलाते हैं।

एजुकेशन सिस्टम क्या करता है?

सिस्टम आपको बिजनेस समझाने का एक प्रचलित, प्रसिद्ध और प्रभावशाली माध्यम है। एजुकेशन सिस्टम बिजनेस से संबंधित जानकारी प्रदान करता है। बिजनेस से संबंधित सामग्री का विक्रय करता है, जिसमें कैसेट और किताबों की प्रमुखता होती है। यह मीटिंग, सेमीनार और दूसरे फंक्शन आयोजित करता है जहां आपकी मुलाक़ात और आपका मेलजोल ऐसे लोगों से होता है, जो बिजनेस में विभिन्न स्तरों पर हैं। आपकी उपलब्धियों और समस्याओं के लिये यह उपयुक्त मंच प्रदान करता है। यह आपके उत्साह और आत्मविश्वास में वृद्धि करता है और आपको इस बात का यक़ीन दिलाने में सहायक होता है कि आप यह बिजनेस आसानी से कर सकते हैं। नेटवर्क मार्केटिंग में सफल होने वाले लगभग सभी लोग अपनी सफलता में एजुकेशन सिस्टम की उपयोगिता को निःसंकोच स्वीकारते हैं। यह नेटवर्क मार्केटिंग का बड़ा ही खूबसूरत पहलू है। यह आपके बिजनेस और व्यक्तित्व दोनों को एक साथ निखारने का काम बखूबी करता है और आपको बेहतर नेटवर्कर और सकारात्मक इंसान बनाने में बड़ी प्रभावकारी भूमिका निभाता है।

एजुकेशन सिस्टम का आर्थिक आधार क्या है? सिस्टम आपको सुविधा प्रदान करने की फीस लेता है। आम तौर पर साप्ताहिक मीटिंग के लिये 20 रु. से 40 रु. प्रति व्यक्ति तक की फीस चार्ज की जाती है। इसके अलावा मासिक सेमीनार की फीस 150 रु. से 250 रु. प्रति व्यक्ति

The end of sorrow is joy and peace.

हो सकती है। बड़े स्तर पर आयोजन महानगरों में किए जाते हैं, जिनकी फीस 500 से 800 रु. प्रति व्यक्ति तक हो सकती है। और भी कई तरह के आयोजन विभिन्न शहरों में आयोजित किए जाते हैं। अतः वहां आने-जाने एवं ठहरने का व्यय आपको अतिरिक्त रूप से वहन करना होगा। यह आयोजन भव्य और प्रभावकारी होते हैं तथा दुविधा दूर कर बिजनेस में समर्पित होने का निश्चय पैदा करते हैं। चूंकि ऐसे आयोजनों में आपको बहुत कुछ मिलता है, अतः अगर आप आर्थिक रूप से इस दबाव को सहन करने की स्थिति में हैं, तो आपको ऐसे आयोजनों में हिस्सा अवश्य लेना चाहिए। ऐसे किसी भी आयोजन में शामिल होते वक्त अपनी आर्थिक स्थिति को अवश्य ही ध्यान में रखें। नेटवर्क मार्केटिंग कारपोरेशन की तरफ से ऐसे किसी भी फंक्शन में जाने की या कोई कैसेट या किताब खरीदने की कोई विशेष अनुशंसा, अनुमोदन, निषेध या मनाही नहीं है। ध्यान रखें कि हर फंक्शन से कुछ सीखकर अवश्य आएं और उसे अगले ही दिन अपने बिजनेस में लागू करें।

दर्शन ज्ञान है, पर अनुभव प्रत्यक्ष सत्य है।

वितरकों के लिए कुछ

सावधानियां एवं सुझाव

The path to holiness lies through questioning everything.

प्रोडक्ट का स्टॉक न रखें

यह कारपोरेशन का दायित्व और आवश्यकता है कि वो आपको आवश्यक प्रोडक्ट उपलब्ध कराए। आपको किसी भी प्रोडक्ट का स्टॉक रखने की जरूरत नहीं है। जब जैसी मांग होती है वैसा प्रोडक्ट लाकर उपभोक्ता को दे दें। प्रोडक्ट वाल्यूम बनाने के लिए तो कभी भी खरीददारी न करें। कोई अगर कहता है कि इतना तो खरीदना ही चाहिए वह ग़लत बोलता है, क्योंकि नेटवर्क मार्केटिंग में किसी किस्म का टारगेट नहीं दिया जाता और न ही किट खरीदते समय या ज्वाइन करते समय किसी प्रोडक्ट का स्टाक लेने को कहा जाता है। यह आपका बिजनेस है और आपकी जवाबदेही किसी के प्रति नहीं है। यही इसकी खराबी भी है और खूबी भी, क्योंकि आप इस बिजनेस में अपने बास खुद ही होते हैं जिसकी आपको आदत नहीं है। यह हो सकता है कि किसी खास विक्रय योजना का लाभ लेने के लिये आप कुछ स्टॉक अवश्य रख लें, परंतु वो भी उतना ही होना चाहिए जितना आप खपत कर सकें या बेच सकें। आपकी विक्रय क्षमता आपकी अपनी अपलाइन से ज़्यादा या कम हो सकती है अतः स्वयं के आकलन पर भरोसा करें।

यथार्थ के धरातल पर सपने देखें

नेटवर्क मार्केटिंग ने हजारों लोगों के सपने पूरे किए हैं। अतः जब कारपोरेशन आपके सपनों को पूरा करने का वादा एवं दावा करता है, तो इसमें अवास्तविक कुछ भी नहीं है। परंतु आपको हवा में लहराने जैसे सपने देखने के बदले अपने सपने यथार्थ के धरातल पर देखने चाहिएं ताकि आपको दोनों बिंदु एक साथ दिखाई दें, एक तो वह बिंदु जहां आप पहुंचना चाहते हैं और एक वह बिंदु जहां इस वक्त आप खड़े हैं। आपको एक क्रियाशील पद्धति अपनानी चाहिए, जो इन दोनों बिंदुओं के बीच की दूरी को कम करने में सहायक हो सके। सपने देखने और सपने साकार

कष्ट सहने पर ही अनुभव होता है।

करने का अंतर समझें और दिमाग में बैठाएं।

सपने देखने से अच्छा है कि आप गीता के सार्वभौमिक, सर्वमान्य एवं सर्वकालिक सिद्धांत का पालन करें कि आप अपना काम करते चलें और परिणाम की जिम्मेदारी ऊपर वाले पर छोड़ दें। इससे आप व्यर्थ की मानसिक क़वायद से बचेंगे तथा लक्ष्य पर नजर भी आसानी से जमाए रख सकेंगे तथा राह में आने वाली सामान्य-सी बाधाओं को नजरअंदाज करने का नजरिया अपना लेंगे। अच्छा तो यह रहेगा कि आप यह सपना देखें कि आप रोज किसी न किसी से इस बिजनेस के सिलसिले में मिल रहे हैं। आपको किसी भी स्तर की सफलता के लिए इतना ही पर्याप्त है कि आप रोज किसी-न-किसी से इस संबंध में चर्चा ज़रूर कर लें। लगभग सभी लोगों ने रोज किसी-न-किसी से बात करने की आदत बनाकर इसमें सफलता पाई है और अपने सपनों को यथार्थ बनाया है। इसमें रत्ती भर भी संदेह नहीं है कि यह बिजनेस आपके सभी सपनों को पूरा कर सकता है आवश्यकता मात्र इतनी है कि आप काम करें। जिन लोगों ने अपने सपने पूरे किए हैं, उन्होंने सपने कम देखे और प्रयास अधिक किया है। याद रखें कि सपने पूरे करने के लिए इच्छा की नहीं, बल्कि इरादे की जरुरत होती है।

आपके सपने आपके अपने होने चाहिए, क्योंकि दूसरों के थोपे हुए सपने उथले होते हैं और उनमें सच्चाई और गहराई नहीं होती। किसी को भी अपने अंतिम सपने का पता नहीं होता, वह तो समय और सफलता के साथ-साथ बदलता चलता है। अगर कोई यह कहता है कि वो मर्सिडिज बेंज का या मियामी के समुद्रतट पर बंगले बनाने का सपना लेकर इस बिजनेस में आया है, तो आप तुरंत समझ जाएं कि वो झूठ बोल रहा है और बकवास कर रहा है। अगर आपका सपना सच्चा है और आपके दिल की गहराईयों से निकला है तो आप इसके पूरा होने तक इसे

May you live all the days of your life.

सबके सामने कभी भी जबान पर नहीं लाएंगे, न ही किसी पर ज़ाहिर करेंगे और न ही इधर-उधर लिखकर चिपकाते दिखाते फिरेंगे, यहीं पर असली और नक़ली की पहचान आसानी से हो जाती है। असली सपने वे हैं जिनके पूरा होने पर आंखें आंसुओं से भीग जाएं। अतः समझदारी से सपने देखें। अगर आप ऐसे मकान का सपना देख रहे हैं जिसका बाथरुम हाल के बराबर है और जो पांच या दस एकड़ की जमीन पर है, तो यह उथला सपना है। आप ऐसे छोटे और उथले सपने देखने के बदले ये सपना देखें कि आप अपने घर के सामने के कचरे के ढेर से कागज़ और पन्नी बीनते हुए बच्चों के लिये क्या सकते हैं। हांगकांग के स्टार क्रूज या पेरिस की फाईव स्टार होटल में एक महीना बिताने का उथला सपना देखने के बदले आप यह सपना देखें कि आप उन औरतों के लिए क्या कर सकते हैं जो बच्चे को जन्म देते समय विटामिन और प्रोटीन की कमी से मर जाती हैं। इस बिजनेस के साथ-साथ व्यक्तिगत विलासिता, वैभव और सुविधा के छोटे छिछोरे सपने देखने दिखाने की वाहियात बीमारी भी अपने देश में आ गई है आप उससे बच के रहें और उन लोगों के लिए कुछ करने का सपना देखें जो आपसे कम नसीब वाले हैं।

स्वतंत्र व्यवसायी की तरह व्यवहार करें। अपलाइन पर पूरी तरह निर्भर न रहें :

वितरकों को चाहिए कि वे अपनी अपलाइन के अनुभव का लाभ लें और अपना बिजनेस बढ़ाने के प्रयास करें। पर वे अपनी अपलाइन पर पूरी तरह निर्भर न रहें और न ही अपलाइन से हर बात पूछने की आदत डालें। चूंकि आप एक स्वतंत्र व्यवसायी हैं और कारपोरेशन भी आपको आईबीओ अर्थात इंडिपेंडेंट बिजनेस ओनर मानता है। अतः दूसरों का नजरिया या कार्यशैली को आंख मूंदकर न अपनाएं। आप अपलाइन पर

सपने वो नहीं होते जो हम सोने के बाद देखते हैं,
सपने वो होते हैं जो हमें सोने ही नहीं देते,

बोझ न बने। अपनी अपलाइन को अपना बॉस, निर्देशक, नियंत्रक या पूछताछ कार्यालय जैसा न समझें। हमेशा कुछ नया और अलग करने की सोचें। यह समझिए कि यह बिजनेस आपकी कम्पनी है और आप इसके मैनेजिंग डायरेक्टर हैं, इसलिए सलाह सभी की लें पर निर्णय स्वयं लें। पहले के कुछ प्लान आप अपलाइन की मदद से दिखा सकते हैं पर आपको बिजनेस प्लान खुद दिखाना जितनी जल्दी आ जाये उतना ही अच्छा। कुछ दिन बाद आप स्वयं भी तो किसी की अपलाइन बनने वाले हैं और आप भी नहीं चाहेंगे कि वो आपके ऊपर पूरी तरह निर्भर रहे, इसलिए बिजनेस सीखने में देर न करें।

एजुकेशन सिस्टम का चयन एवं उपयोग बुद्धिमत्तापूर्वक एवं सावधानी से करें

एक बार बिजनेस समझ में आ गया, तो आपको दूसरों को बिजनेस समझाने में सिस्टम की मदद लेनी चाहिए, क्योंकि वहां पर बिजनेस प्रेजेन्टेशन बड़े प्रभावकारी तरीके से किया जाता है। सिस्टम बहुत सारी बिजनेस सामग्री जैसे किताबें, डायरी, कैसेट इत्यादि खरीदने को कहता है, पर आप सामग्री खरीदते समय सावधानी रखें। एकदम से बिजनेस सामग्री खरीदकर अपनी जेब और अपनी ज़रूरत का तालमेल न बिगड़ने दें। आप यहां पैसे कमाने आए हैं, खर्चे बढ़ाने नहीं। और पैसे कमाने के लिए आपका लोगों से संपर्क करना पर्याप्त है। आपको इस बिजनेस को सफलतापूर्वक चलाने के लिए किसी टूल्स या उपकरण की आवश्यकता नहीं है। अतः किसी के कहने पर कोई भी विवेकहीन खरीददारी न करें। किट खरीदने के अलावा आपको इस बिजनेस में किसी इन्वेस्टमेंट की, किसी वर्किंग केपिटल की, किसी स्टार्टर पैक की, कोई प्रोडक्ट खरीदने की या कोई स्टॉक या टूल्स रखने की बाध्यता नहीं है। अतः जो भी खरीदारी करें सोच-समझ कर करें। यह बिना खर्चे का बिजनेस है और

Life treats you as you treat life.

जब भी आपको लगता है कि आपके पैसे खर्च हो रहे हैं, तो आपको सावधान हो जाना चाहिए और अपनी समझदारी को बुलावा भेज देना चाहिए।

कारपोरेशन आपको जो चेक भेजता है, वो इसलिए नहीं भेजता कि आपने इस महीने कितने सेमीनार प्रमोट किए या कितने कैसेट सुने या खरीदे या कितनी मींटिंग या फंक्शन अटेण्ड किए। कारपोरेशन आपको चेक भेजता है कि आपके कारण इस महीने कितने का बिजनेस हुआ। अगर आपके कारण कोई प्रोडक्ट बिकता है तो आपको कमीशन मिलता है नहीं तो नहीं मिलता। अतः आप हमेशा अपने असली लक्ष्य को नजर के सामने रखें। और आपका लक्ष्य है लोगों को प्लान दिखाना और उन्हें बिजनेस के पोटेंशियल से अवगत कराना और उन्हें स्पांसर करना। कई बार यह देखा गया कि लोग अपना बिजनेस करने के बदले एजुकेशन सिस्टम का बिजनेस करने लगते हैं और कैसेट, मीटिंग और सेमीनार को प्रमोट करने में ही सारी ऊर्जा व्यय करने लगते हैं। अगर आप अपना बिजनेस ठीक से कर रहे हैं, तो एजुकेशन सिस्टम अपने आप प्रमोट हो ही जाता है। अतः अपने बिजनेस पर ध्यान दें। अगर आपको ऐसा लगता है कि आपके प्रास्पेक्ट को एक चिनगारी भर की ज़रूरत है, तो उसे ज़रूर किसी सेमीनार में ले जाएं और ऐसा करने के लिये आपको सेमीनार प्रमोट करना ही चाहिए। सिस्टम का उपयोग आपको दूसरों को बिजनेस समझाने में करना चाहिए ठीक उसी तरह जिस तरह आप रेलगाड़ी का उपयोग एक स्थान से दूसरे स्थान में जाने के लिये करते हैं।

ना कहने वालों को दुश्मन न समझें

आपको इस बिजनेस में कई लोग ना कहने वाले हैं। नेटवर्क मार्केटिंग का इतिहास बताता है कि अक्सर अपने बहुत करीब के लोग इस बिजनेस में शामिल होने में देर लगाते हैं और शुरू में ना कहते हैं। अगर आप ना कहने वालों से नाराज होने लगे, तो कुछ ही दिनों में आप पाएंगें

कोई महान व्यक्ति अवसर की कमी की शिकायत नहीं करता।

कि आप नेटवर्क कम बना रहे हैं और दुश्मन ज़्यादा बना रहे हैं। ना कहने वाले इस बिजनेस का एवं आपकी सफलता का प्रमुख हिस्सा हैं। अगर सभी हां कह देते तो यह बिजनेस आप तक पहुंचता कैसे? बहुत से ना कहने वालों ने बाद में यह बिजनेस ज़्वाइन किया है और पर्याप्त सफलता भी पाई है। याद रखिए कि जब आप एक ना सुनते हैं तो वास्तव में आप अपनी सफलता की ओर एक कदम आगे बढ़ा लेते हैं। जितने ज़्यादा ना आप सुनते जाते हैं, आपकी सफलता उसी अनुपात में निश्चित होती जाती है।

निराश न हों और न ही छोड़ने का सोचें

उच्चस्तर का नेटवर्कर स्वाभाविक या जन्मजात नहीं होता। कोई भी जन्मजात इंजीनियर, डॉक्टर या नेटवर्कर नहीं होता। सब सीखते-सीखते ही बन जाते हैं। यह भी एक विज्ञान है जिसमें निराशा का कोई स्थान नहीं है। नेटवर्कर के सामने सबसे बड़ी दिक़्क़त लोगों की नकारात्मक प्रतिक्रिया को लेकर आती है। यह पुस्तक इसी दिक़्क़त को ध्यान में रखकर लिखी गयी है। नेटवर्क बनने में समय लगता है अतः धीरज रखें। यह न सोचें कि सभी लोग जो आपको जानते हैं वे बिजनेस में शामिल हो जाएंगे। समाज में सब तरह के लोगों का होना आवश्यक है। ऐसे कुछ लोग आपको भी मिलेंगें जो नेटवर्क मार्केटिंग का मजाक उड़ाने में माहिर होते हैं। जब भी आपकी मुलाकात ऐसे लोगों से हो जाए तो आप अनसुना कर उन्हें ऐसी ठंडी नजरों से देखें जैसे आप उनके पीछे की किसी दीवाल को देख रहे हों। निराशा मिलने पर कुछ देर के लिए बिजनेस से दूर हो जाएं और फिर नए सिरे से काम करने की योजना बनाएं और योजनाबद्ध तरीके से काम करें। बिना ठीक-ठाक योजना के कार्य करना वैसा ही है जैसा बिना दिशासूचक यंत्र के समंदर में उतरना।

ग्रोइंग और एक्टिव अपलाइन को डुप्लिकेट करे

आपका बिजनेस आपकी अपलाइन का बिजनेस अपने आप ही हो

Love your self first and everything else falls into line.

जाता है, इसलिए उनको डुप्लिकेट करना आपके लिए फायदेमंद होगा। आप दूसरे सफल लोगों के अनुभव से लाभ उठाएं उनको डुप्लिकेट करें पर उनकी नक़ल न करें। नक़ल करने से आप कहीं नहीं पहुंचेंगे यह स्मरण रखें। अगर नक़ल में दम होता तो अब तक कितने गांधी, नेहरू, सचिन या अमिताभ हो गए होते। सफल लोगों से प्रेरणा लें, उनसे सीखें पर नक़ल न करें। हर साल रिजल्ट निकलता है और कई विद्यार्थी मेरिट में आते हैं परंतु कोई भी किसी की नक़ल करके मेरिट में नहीं आता। सचिन, सौरव, लारा, बार्डर, गावस्कर सभी विश्व स्तर के बल्लेबाज हैं, पर कोई किसी की नक़ल नहीं करता। आप अपनी मौलिकता कतई न खोएं और अपनी आर्थिक स्थिति, समय की उपलब्धता, व्यक्तित्व और नजरिए के आधार पर अपनी शैली विकसित करें तथा उसके अनुसार ही कार्य करें। ध्यान रहे कि आपके पास एक नहीं अनेक अपलाइन हैं आप अपनी ग्रोइंग और एक्टिव अपलाइन को डुप्लीकेट कर सकते हैं, ताकि आपको उन ग़लतियों से पहले ही छुटकारा मिल जाए जो आपसे हो सकती हैं। डुप्लिकेट करने का अर्थ यह नहीं है कि जो अपलाइन कहे वो पत्थर की लकीर है बल्कि डुप्लिकेट करने का सीधा अर्थ है कि अपलाइन से बिजनेस के बारे में जानकारी लेकर अपने बिजनेस में लागू करें। इसका यह अर्थ नहीं है कि वो जिस रंग या ढंग का कपड़ा पहन रहा है आप उसकी नक़ल करने लग जाएं। आप अपने कारपोरेशन में टॉप में पहुंचे हुए लोगों की कहानी सुनेंगें तो पाएंगे कि उन्होंने मेथड तो लगभग एक ही फालो किया है, पर हर एक का स्टाइल अलग ही रहा है। आप भी अपना स्टाइल पहचानिए और उसी को फालो कीजिए। मेथड के लिए अपलाइन को डुप्लीकेट करिए स्टाइल के लिये नहीं।

चाणक्य ने कहा है कि कोई कितना भी बड़ा और महान क्यों न हो, अंधे के समान उसके पीछे नहीं चलना चाहिए, न तोते के समान उसकी

अपने अवगुणों को अपने से पहले मर जाने दो।

बातों को दुहराना चाहिए और न ही बंदरों के समान उसकी नक़ल करनी चाहिए। अगर कोई महान नेटवर्कर आपसे ये कहे कि बिना दिमाग़ लगाए मुझे डुप्लीकेट करो और मेरे पीछे-पीछे चलो तो आप समझ जाएं कि वो चाणक्य से ज़्यादा बुद्धिमान और समझदार है और आप जितनी जल्दी हो सके वहां से किसी पतली गली से निकल लो।

हमारा दिमाग़ पैराशूट की तरह है जो तभी काम करता है जब खुला होता है। खुले दिमाग के बिना किसी को भी फालो या डुप्लिकेट करना खतरनाक किस्म की बेवकूफी है। कोई समझदार ऐसा नही करता। इससे चार नुकसान सीधे तौर पर हो सकते हैं। पहला तो यह कि हम उसकी ग़लती नहीं देख पाएंगे जिसे फालो कर रहे हैं और दूसरा ये कि हम उसके आगे नहीं निकल पाएंगे तीसरा ये कि हम अपनी मौलिकता को खो देंगे और कभी भी कुछ नया नही कर पाएंगे। चौथा ये कि हम हमेशा अनुयायी ही बने रहेंगे और लीडरशिप के गुणों को विकसित नहीं कर पाएंगे।

तैराक को डुप्लिकेट करके तैरना नहीं सीखा जा सकता, पर उससे तैराकी के गुर ज़रूर सीखे जा सकते हैं। हर आदमी के रास्ते और हर रास्ते के खतरे अलग-अलग होते हैं इसलिए हमें दूसरों की नक़ल करने की बजाय अपनी क्षमताओं और परिवेश के अनुरूप अपने लक्ष्यों का निर्धारण करना चाहिये। यह सोचना भ्रांति है कि हम किसी की नक़ल कर आगे बढ़ सकते हैं या कोई अन्य हमारी उन्नति कर सकता है, हमारे कष्टों का निवारण कर सकता है या हमारी समस्याएं सुलझा सकता है। सहायक, सहयोगी, माध्यम या निमित्त कोई भी बन सकता है किंतु प्रधान उत्तरदायित्व तो हमारा ही होता है। जितनी जल्दी हम इस सत्य को आत्मसात कर सकें उतना ही अच्छा है। यदि व्यक्ति अपने अहित और कष्ट का निवारण स्वयं नहीं करता तो दूसरा कौन है जो उसके दुखों का निवारण करेगा।

Brains, like hearts, go where they are appreciated.

कारपोरेशन के वकील न बनें

पूर्व में कहा गया है कि इस बिजनेस में आपकी मुलाक़ात कुछ ऐसे लोगों से होने वाली है जो खुद कुछ कर नहीं रहे और दूसरे को कुछ करता देख उसे समझाने लगते हैं कि यहां फंसना ठीक नहीं है। अगर लोगों से बातचीत के दौरान आपका पाला ऐसे बुद्धिमान से पड़ जाता है जो इस बिजनेस के बारे में ग़लतफहमी में है और कारपोरेशन तथा नेटवर्क मार्केटिंग को लोगों को बेवकूफ बनाने की स्कीम बताने पर तुला हुआ है तो आप उससे बहस न करें। कारपोरेशन के पक्ष में बोलने से बहस आगे बढ़कर ऐसी स्थिति में पहुंच सकती है, जो मित्रतापूर्ण नहीं कही जा सकती। आप कारपोरेशन की फिक्र न करें, वो आपके बगैर अपनी देखभाल आसानी से कर लेगा। आप कारपोरेशन के वकील कतई न बनें। नेटवर्क मार्केटिंग हमारे देश के लिए बिलकुल नया कानसेप्ट है अतः ऐसी ग़लतफहमियां स्वाभाविक हैं। समय-समय पर आकर गायब हो जाने वाली पिरामिड स्कीमों के कारण भी लोगों में ऐसी ग़लतफहमियां और संदेह आकार ले लेती हैं। इस प्रकार के संदेहों और नासमझियों के निराकरण के लिए आप उन्हें कारपोरेशन के ग्राहक सेवा केंद्र का फोन नंबर देकर अपने संदेहों के निराकरण के लिये कहें। उनसे पूछें कि वह इस सिलसिले में जानकारी पाने के लिये कब समय दे सकता है। उसे प्रोडक्ट प्रशिक्षण केंद्र के निशुल्क आयोजन के विषय में बताएं और वहां आने का निमंत्रण दें। कई होशियार तो पहली मुलाक़ात में ही कहने लगते हैं कि उन्हें इस बारे में सब पता है। उन्हें बोलने का अवसर दें, वो दो मिनट से ज्यादा इस विषय में नहीं बोल पाएंगें। कोई भी मूर्ख निंदा, बुराई, आलोचना और शिकायत कर सकता है और अधिकांश ऐसा करते भी हैं। आप उनसे न उलझें।

कोई भी मूर्ख निंदा, बुराई, आलोचना और शिकायत कर सकता है और अधिकांश ऐसा करते भी हैं।

कारपोरेशन के वकील न बनें कैसेट सुनें और किताबें पढ़ें

इस व्यवसाय की एक ही चुनौती है कि आप लोगों की नकारात्मक प्रतिक्रिया के प्रति संवेदनशील होने की बजाय संवेदनहीन होना सीख जाएं। समाज में नकारात्मक लोगों की भरमार है। लोगों का अहं इस बात से बड़ा संतुष्ट होता है जब वे किसी बात के लिए ना कहते हैं। आपने भी महसूस किया होगा कि जब कोई किसी बात के लिए ना कहता है तो जोर देकर कहता है पर जब हां कहता है तो मरी-मरी सी आवाज में कहता है। यह मनोवैज्ञानिक तथ्य है। दरअसल ना कहते वक्त आदमी ये सोचता है कि वो भी कुछ है और उसे ना कहने में संतुष्टि मिलती है। अतः ना कहने पर वो तो विजेता का अनुभव करता है पर ना सुनने वाला पराजित अनुभव करता है। यह पराजय का अनुभव बहुत से लोगों को इस बिजनेस में आने से रोक देता है या बिजनेस से भागने को मजबूर कर देता है।

पर पराजय का ये अनुभव धोखा है, वस्तुतः पराजय या निराशा जैसी कोई बात इसमें है ही नहीं। आप इतने कांच के क्यों बन जाते हैं कि सब कुछ आपके हिसाब से ही चलेगा तो आप खुश रहेंगे। ऐसा तो हो ही नहीं सकता कि लोग अपना निर्णय आपकी योजना के अनुसार लें। आपको ये सीखना पड़ेगा कि माहौल को अपने हिसाब से ढालना असंभव है, पर माहौल के हिसाब से अपने को ढाल लेना बहुत आसान है। अतः आप फंक्शन में समय-समय पर जाया करें, ताकि आपको यह एहसास होता रहे कि जो आपके साथ हो रहा है वह अनोखा नहीं है और जो लोग सफल हुए हैं, वे सभी इस रास्ते से गुजरे हैं। चूंकि आपके साथ भी वही हो रहा है, जो सफल लोगों के साथ होता है। अतः आप ये निष्कर्ष ले सकते हैं कि आप भी सफलता की राह पर हैं। फंक्शन में जाने से, कैसेट सुनने से तथा किताबें पढ़ने से आपको वो अतिरिक्त ऊर्जा मिलती रहती

Prayer is the voice of faith.

है, जो इस बिजनेस को चलाती है। अतः जब भी आपको उत्साह और ऊर्जा की कमी महसूस हो तब आपको फंक्शन में जाना है, कैसेट सुनना है और किताबें पढ़ना है। इसका यह गलत अर्थ न लगाएं कि बिना कैसेट सुने या किताबें पढ़े या बिना फंक्शन में गए आप यह बिजनेस कर ही नहीं सकते, क्योंकि ऐसा नहीं है।

सपने देखने और सपने साकार करने का फर्क साफ-साफ समझ लें

सपने देखने वाले लोग चार प्रकार के होते हैं—

- ख्याली पुलाव पकाने वाले कुछ लोग कभी सपने नहीं देखते। ये भटकने वाले लोग हैं और हर जगह पाये जाते हैं। ये वे लोग हैं जो कुछ करने के बदले कुछ होने के इंतजार में ज़िंदगी काट देते हैं। ये बिल्कुल रूटीन लाइफ पसंद करते हैं और हर बात में ग़लती निकालने में माहिर होते हैं। ये कार इसलिए खरीदना नहीं चाहते, क्योंकि आजकल पार्किंग के लिये जगह जल्दी नहीं मिलती। ये मरे हुए वे लोग हैं, जिनका अंतिम संस्कार होना बाकी है। अगर ये कुएं में गिर जाएं तो ये बिना हाथ-पांव हिलाए और बिना चिल्लाए ही मर जाएंगे। ये संख्या में लगभग चालीस प्रतिशत है।
- कुछ लोग सपने तो देखते हैं पर अपने दम पर कभी उनको पूरा करने का प्रयास करते नहीं दिखते। ये दूसरों की तारीफ कर यह सुकून हासिल करते हैं कि अगर हम भी उसकी जगह होते तो वैसे ही सफल हो सकते थे। चूंकि हम उसकी जगह नहीं है इसलिए हमारे सफल होने का सवाल ही नहीं है। ये अनुयायी होते हैं और संतोषी सदा सुखी का पहाड़ा पढ़ते देखे जाते हैं। ये स्वभावतः आलसी और डरपोक होते हैं, पर अपने आलस्य को संतोष का नाम देते हैं तथा अपने डर को समय की कमी के बहाने से छुपाने में

अश्रुपूर्ण प्यार बहुत ही लुभावना होता है।

माहिर होते हैं। ये लंबी सूरत वाले होते है, क्योंकि ये जिंदा तो हैं पर रोगी हैं और स्वास्थ्य से अपरिचित हैं। अगर ये कुएं में गिर जाएं तो ये हाथ-पांव मारेंगे और चिल्लाएंगे और अगर बच गए तो ये भले ही प्यासे मर जाएं पर ज़िंदगी भर कुएं के पास भी न फटकेंगे और अपने आसपास के सभी लोगों को कुएं से दूर रहने की सलाह देंगे। ये संख्या में करीब तीस प्रतिशत होते हैं।

- कुछ लोग सपने देखते हैं और उसका पीछा करते हैं। ये योजनाबद्ध तरीके से काम क़रते हैं और सपने साकार करने की कीमत चुकाते हैं। ये सफल लोग हैं। ये स्वस्थ एवं प्रसन्नचित्त रहते हैं। ये हर अवसर और चुनौती का उपयोग अपने हित में करने में माहिर होते हैं। अगर ये कुएं में गिर जाएं तो ये हाथ-पांव मारेंगें और चिल्ला-चिल्ला कर साबुन मांगेंगें और साबुन मिलने पर वहां से नहा कर निकलेंगें। ये लगभग बीस प्रतिशत की तादाद में पाये जाते हैं।
- कुछ लोग सपने देखते हैं, उनका पीछा करते हैं और यही सपना देखने में दूसरों की मदद करते हैं। ये लीडर्स हैं। ये लगभग दस प्रतिशत अर्थात कम तादाद में मिलते हैं पर अगर आपको कभी मिल जाएं तो इनकी संगत फायदेमंद होती है। अगर ये कुएं में गिर जाएं तो ये हाथ-पांव मारेंगें और चिल्ला-चिल्ला कर साबुन मांगेंगे और साबुन मिलने पर वहां से नहाकर निकलेंगे और कुएं के चारों तरफ दीवाल बनवाने में जुट जाएंगें ताकि कोई भी दूसरा उसमें न गिरे। ऊपर की दो श्रेणियों के सत्तर प्रतिशत लोगों को ये अजीब नजर आते हैं और ये सत्तर प्रतिशत लोग इनका मजाक इन्हें ड्रीम मर्चेंट या सपनों का सौदागर बोलकर उड़ाते हैं पर ये उनकी कभी परवाह नहीं करते, क्योंकि ये उनकी श्रेणी जान चुके होते हैं। पहचानने की कोशिश कीजिए हो सकता है कि कोई लीडर आपके

The thoughtful soul to solitude retires.

आसपास हो और आपके सपने जगाने की कोशिश कर रहा हो।

आप अपनी श्रेणी स्वयं चुन लें, क्योंकि आपके बारे में आपसे बेहतर कोई नहीं जानता।

सपने देखने और सपने साकार करने में फर्क

- जो सपने साकार करना चाहता है, वह बात कम करता है और काम ज़्यादा करता है। जो सपने देखता है वह काम कम करता है बकवास ज़्यादा करता है।
- जिसके पास सपना होता है उसे अपनी आंतरिक शक्तियों पर विश्वास होता है। जो सपने देखता है, उसे बाहरी परिस्थितियों से बहाने मिल जाते हैं।
- जिसके पास सपना होता है वह मुश्किलों के बावजूद चलता रहता है। जो सपने देखता है वो मुश्किलों के आते ही भाग खड़ा होता है।
- जिसके पास सपना होता है वह उसे दिल में छुपाकर रखता है ताकि किसी की नजर न लग जाए। जो सपना देखता है वो उसे इधर-उधर बकते दिखाते रहता है।
- सपने देखने वाला आंख बंद कर सपने देखता है, साकार करने वाला खुली आंखों से सपने देखता है।

एक घंटे का जादू जानें

एक घंटे का जादू देखा है आपने?

- यदि प्रतिदिन एक घंटा भी कोई नया काम सीखा जाए तो एक वर्ष में आदमी उसमें पारंगत हो जाता है।
- यदि प्रतिदिन एक घंटा अतिरिक्त काम करे तो वह इतना पैसा कमा सकता है कि महीने में अपनी पसंद की पेन, किताबें, कपड़े इत्यादि खरीद सकता है।

अकांक्षा अयोग्यता का लक्षण है।

- यदि प्रतिदिन एक घंटे में आप 15 पृष्ठ भी ध्यान से पढ़ते हैं, तो वर्ष भर में आप लगभग पांच हजार पृष्ठ पढ़ जाते हैं।
- प्रतिदिन का एक घंटा किसी भी एक साधारण और गुमनाम व्यक्ति को असाधारण, पारंगत और प्रसिद्ध बना सकता है।
- प्रतिदिन एक घंटा अगर किसी भी विषय की किताब को पढ़ने में लगाया जाए तो एक वर्ष में आदमी उस विषय में एक्सपर्ट कहलाने लायक हो सकता है।
- जब एक घंटे मे किसी के जीवन में उलटफेर करने की इतनी क्षमता है, तो हमारे पास तो कितने घंटे हैं जिन्हें हम किसी उपलब्धि में परिवर्तित कर सकते हैं।

Freedom means choosing your burden.

कुछ कहानियां एवं दृष्टांत

स्वामी विवेकानंद अकसर एक कहानी कहा करते थे, वह कहानी बड़ी प्रीतिकर है।

एक गर्भिणी सिंहनी ने छलांग लगायी एक चट्टान से दूसरी चट्टान पर। और छलांग में कुछ ऐसा हुआ कि उसका गर्भ गिर गया। ठीक समय होगा शायद बच्चे के पैदा होने का। बच्चा पैदा हो गया। वह तो छलांग लगाकर चली भी गई। नीचे भेड़ों का एक झुंड गुजर रहा था, वह बच्चा भेड़ों के झुंड में गिर गया और भेड़ों ने उस बच्चे को पाल लिया। वे उसे दूध पिलाती रहीं। वह बच्चा भेड़ों में ही बड़ा हुआ। तो अपने को भेड़ ही समझता रहा, स्वभावतः भेड़ों में बड़ा हुआ तो अपने को भेड़ समझा।

आतंक सबसे अधिक निःसत्य करने वाली अवस्था है।

जैसे हिंदुओं में बड़े हुए तो हिंदू, मुसलमानों में बड़े हुए तो मुसलमान, ईसाइयों में बड़े हुए तो ईसाई। ऐसा ही वह सिंह भेड़ों में बड़ा हुआ तो अपने को भेड़ ही समझता था। बड़ा हो गया था, सिंह था मगर शाकाहारी था। घास-पात चबाता। और जैसे भेड़ों के मेमने घसर-पसर बीच-बीच में चलते हैं भेड़ों के, डर के मारे, बड़े बुर्जुगों को आसपास करके अंदर-अंदर घुसे रहते हैं ऐसे ही वह भी घुसा रहता। लगता सबसे ऊंचा, अलग दिखाई पड़ता, दूर से दिखाई पड़ता। मगर उसे क्या पता? उसे क्या होश? और न भेड़ों को कुछ दिक्कत थी, क्योंकि उन्होंने उसे धीरे-धीरे बढ़ते देखा था, इसलिए पता नहीं चला था। क्रमशः जो बात घटती है, उसका पता नहीं चलता।

तो न भेड़ों को पता चला, न ही सिंह को पता चला। सिंह समझता मैं भेड़ हूं, भेड़ समझतीं अपना बच्चा है, थोड़ा अजीब-सा तो है पर कभी कभी भिन्नता भी हो जाती है।

एक दिन एक सिंह ने उस भेड़ों के झुंड पर हमला किया। वह सिंह तो देख कर चौंक ही गया। उस सिंह को भरोसा ही नहीं आया। बूढ़ा सिंह था, जिन्दगी गुजर गयी पर ऐसा कभी नहीं देखा था कि भेंड़ें भाग रहीं हैं, उनके बीच में एक सिंह भी घसर-पसर भागा जा रहा है, और मेमनों की तरह आवाज कर रहा है। वह सिंह तो भूल ही गया भेड़ों को पकड़ने की बात। वह तो इस सिंह को पकड़ने दौड़ा। मगर इसको पकड़ना भी बड़ा मुश्किल हुआ, क्योंकि वह सिंह भी भागा। था तो सिंह, भागा तेजी से। और जवान था। यह बूढ़ा था। बामुश्किल पकड़ पाया। हांफ गया बूढ़ा, तब पकड़ पाया। और जब पकड़ पाया तो यह सिंह बिल्कुल मेमने की तरह रोने-गिड़गिड़ाने लगा, मिमयाने लगा, कि मुझे छोड़ दो, मुझे मत मारो, देखो मैंने तुम्हारा कुछ नहीं बिगाड़ा।

बूढ़ा सिंह बोला, 'तेरे को कौन मार रहा है, कौन तेरे को कुछ कर रहा

A dream is a wish your heart makes.

है? थोड़ा सुन तो।'

उसने कहा, 'मुझे कुछ नहीं सुनना, मुझे जाने दो। मेरे संगी-साथी जा रहे हैं।'

मगर उस बूढ़े सिंह ने न सुना। उसे घसीटकर ले गया, पास के एक पोखरे के पास, एक छोटी सी तलैया के पास और कहा कि मूरख, देख झांक कर, हम दोनों के चेहरे देख पानी में, पानी के दर्पण में देख।

मजबूरी में देखा उसने। और देखा तो दंग रह गया। एक जैसे चेहरे थे। और कई बार पानी में से गुजरते वक्त उसे भी शक-शुबहा हुआ था कि उसका चेहरा भेड़ों के चेहरों से भिन्न मालूम होता है, रंग-ढंग भी भिन्न मालूम पड़ता है, मगर सोचता था कि होगा, क्या करोगे। कुदरत से कुछ भूल चूक हो गयी होगी। समझा लेता था मन को, संदेह को दबा देता था। आज बात बिलकुल साफ हो गयी। और एक सिंहनाद उठा उसके भीतर से, प्राणों के प्राणों की गहरी से गहरी कोर से उठी आवाज। सारा जंगल दहल गया। उस बूढ़े सिंह ने कहा, 'अब तू समझा कि तू कौन है?'

उसने कहा कि मैं समझा। धन्यवाद! जितना अनुग्रह मानूं थोड़ा। न तुम मुझे घसीटकर लाते, न तुम इतना श्रम उठाते, न मैं समझ पाता। मैं भेड़ ही रहता और भेड़ ही मर जाता।

विवेकानंद कहते हैं कि कमी तो किसी में कुछ नहीं। सब कर सकते हैं। तुम सब सिंह हो, मगर भेड़ों के बीच पैदा हुए हो, भेड़ों के साथ बड़े हुए हो, अपने को भेड़ ही मानकर बैठे हो। मेरा कुल काम इतना है कि किसी तरह घसीटकर तुम्हें दर्पण के पास ले आऊं। कुल पहचान करा दूं कि तुम कौन हो। एक बार तुम्हें होश आ जाए कि तुम कर सकते हो—तब सिंहनाद उठेगा। और तत्क्षण जीवन बदल जाएगा। फिर कुछ ऐसा नहीं कि अभ्यास करना पड़ेगा कि अब

कर्म आपको आत्मानुभव कराता है।

भेड़ से हम सिंह कैसे हो जाएं। कुछ अभ्यास नहीं करना होता।

आप भी यह बिजनेस कर सकते हैं, क्योंकि कमी तो आपमें भी कुछ नहीं। आप भी उस आदमी से कम प्रतिभाशाली नहीं हैं, जो इस बिजनेस में सफलता प्राप्त कर रहा है। जो भी आपके पास इस बिजनेस का संदेशा लेकर आया है, वो न तो आपको टोपी पहनाने आया है और न ही आपसे फायदा उठाने को आया है, वो तो आपको मात्र यह बताने आया है कि आपमें कमी कुछ भी नहीं। पर आपका संशयात्मक या भयभीत नज़रिया उस जवान सिंह के अनुसार सही है, जिसने अपनी तस्वीर पानी में अभी तक नहीं देखी।

A room without books is like a body without soul.

ढंग के सपने देखें

उन्नीसवीं शताब्दी का अंतिम समय था। ठाकुरदास नामक एक वयोवृद्ध कोलकाता में रहता था। उसके परिवार में केवल एक बच्चा और एक पत्नी थी। इस सीमित परिवार का भी भरणपोषण ठीक प्रकार से नहीं हो पाता था। नियति ने उन्हें मेदिनीपुर जिले के एक गांव में ला पटका। वहां ठाकुरदास को दो रुपए माहवार की नौकरी मिली। कालांतर में उनका देहान्त हो गया। पत्नी पर परिवार का दायित्व आया। इस तरह कई वर्ष बीत गए।

एक दिन रात के समय बेटे ने अपनी मां के पैर दबाते हुए पूछा, 'मां मेरी इच्छा है कि मैं पढ़-लिख कर बहुत बड़ा विद्वान बनूं और तुम्हारी खूब सेवा करुं।'

'कैसे सेवा करेगा ?' बेटा पढ़ने लगा था, इसलिए कुछ मन बहलाते हुए प्रोत्साहन के स्वरों में मां ने पूछा।

'मा, तुमने बड़ी तकलीफ में दिन गुजारे हैं। मैं तुम्हें अच्छा-अच्छा

आत्म प्रशंसा ओछेपन का चिह्न है।

खिलाऊंगा और बढ़िया कपड़े लाऊंगा। हां तुम्हारे लिए गहने भी बनवाऊंगा।'

'हां बेटा, तू बहुत सेवा करेगा मेरी।' मां बोली, 'पर गहने मेरी पसंद के ही बनवाना।'

'कौन से गहने मां'

'मुझे तीन गहनों की बड़ी चाह है।' मां ने बताया। 'पहला गहना तो यह है कि इस गांव में कोई अच्छा स्कूल नहीं है। तुम एक स्कूल बनवाना। दवाखाना भी खुलवाना और तीसरा गहना यह है कि गरीब बच्चों के रहने, खाने तथा शिक्षा प्राप्त करने की व्यवस्था करना।'

बेटे ने भावाभिभूत होकर मां के चरणों में सिर रख दिया और तभी से उसे कुछ ऐसी धुन सवार हुई कि उसे अपनी मां के इन तीन गहनों का सदैव ध्यान रहा। वह बराबर स्कूल, औषधालय तथा सहायता केंद्र खोलता गया। आगे चलकर स्त्री शिक्षा और विधवा विवाह के गहने भी उसने अपनी मां को पहनाए। वह महामानव और कोई नहीं पंडित ईश्वरचंद्र विद्यासागर ही थे।

आज का युग अर्थ प्रधान होता जा रहा है। हर कोई पूछता या सोचता है कि इसमें मेरा फायदा क्या? इसमें मेरा हिस्सा क्या? हम क्यों करें? हम क्यों दें? कोई मेरे घर का काम थोड़े ही है? जैसे सवाल समाज में भरे पड़े हैं। ऐसे में इस कहानी का महत्व और बढ़ जाता है। आजकल जो उपयोगी है उसका संरक्षण होता है और जो उपयोगी नहीं है उसे रास्ते से हटा दिया जाता है। वृद्ध पशुओं का आश्रय कत्लखाने ही रह गए हैं। निठल्लों पर खर्च करने का मन किसी का नहीं है। यदि यही दृष्टिकोण मनुष्य ने अपनी बिरादरी पर भी प्रयोग करना शुरू कर दिया तो वृद्धों, अपंगों और निराश्रितों की खैर नहीं। वे भी कमाते कम और खर्च अधिक मांगते हैं। यदि अर्थोपार्जन और लाभ-हानि की ओर ही चिंतन की धारा

The heart generous and kind most resembles God.

बहती रही तो नीति, औचित्य एवं भाव संवेदनाओं के लिये कोई स्थान नहीं रहेगा। व्यक्ति को यह नहीं भूलना चाहिए कि समाज व देश की उन्नति में ही उसकी उन्नति है और उसकी उन्नति में ही समाज की उन्नति है।

आदर्श का रूप् यथार्थ में से उगना चाहिए।

First deserve then desire

किसी को कुछ, किसी को कुछ देने के लिए लोग भगवान की निंदा कर रहे थे और उसे पक्षपाती ठहरा रहे थे। एक दार्शनिक उनकी बातें सुन रहा था। वे लोगों को साथ लेकर खेतों में गए। एक में गुलाब बोया था और दूसरे में तंबाकू। एक से सुगंध उठ रही थी, दूसरे से बदबू। दार्शनिक ने कहा जमीन बहुत बुरी है किसी को गुलाब देती है किसी को बदबूदार तंबाकू। इसका पक्षपात देखो। लोग बोले, यह धरती का पक्षपात नहीं, बोने वाले के कृत्यों का फल है। दार्शनिक ने हंसते हुए कहा यह संसार भी परिस्थितियों का एक खेत है, जिसमें जो जैसा बोता है वैसा ही काटता है। यही सिद्धांत बड़े ही खूबसूरत तरीके से इस बिजनेस में लागू होता है। जो जितनी मेहनत करता है, जितना धीरज से प्रयास करता रहता है वो वैसी ही आमदनी और सम्मान का हकदार होता है। याद रहे जीतने वाला थकता नहीं, थकने वाला जीतता नहीं।

आजकल की ज़िंदगी तालाब की ज़िंदगी हो गई है। तालाब की ज़िंदगी कई अर्थों में सुरक्षित होती है। सिक्योर होती है। न कहीं जाना है। न

Gratitude is the heart's memory.

किसी सफर की कोई तकलीफ सहनी है। असल में तालाब ने सारी खोज छोड़ दी है। वह जहां है वहां होने के लिये राजी हो गया है। जो है उसे उसने अपना भाग्य मान लिया है। पर एक नदी भी वहीं बह रही है। वह जो नहीं है उसे पाने की चेष्टा है। इसलिए नदी गतिमान है। निश्चित ही नदी को अपरिचित रास्तों की तकलीफें हैं। तालाब का सुख नदी को नहीं मिल सकता, लेकिन अपरिचित रास्तों का विस्मय और अपने सागर को पाने का आनन्द भी उसके पास है। वह आनन्द तालाब के पास नहीं हो सकता। तालाब कहीं नहीं जाएगा, न कुछ पाएगा। जहां हैं, वहीं जिएगा या यूं कहें कि जिएगा कम मरेगा ज़्यादा। तालाब के पास ज़िंदगी नहीं होती क्योंकि ज़िंदगी तो गति के साथ है। तालाब के पास तो ग्रेजुअल डेथ होती है, वह सिर्फ सूख रहा है, सड़ रहा है। बहुत से लोग इसी सड़न को सुरक्षा का नाम देकर अपने खोल के अंदर जीवन भर बैठे रहते हैं।

आवश्यकता कभी मुनाफे का सौदा नहीं करती।

कमजोरी को ताकत बनाएं

नेपोलियन नाटा था और गरीब घर में पैदा हुआ था। इन दोनों कारणों से उसे बचपन में उपहास और तिरस्कार सहने पड़े। इस स्थिति के विरुद्ध उभरा विद्रोह उसे कितनी ही लड़ाइयां लड़ने और जीतने के लिये उकसाता रहा और उसे चैन तभी पड़ा जब उसने एक राजकुमारी से विवाह कर लिया। ब्रिटेन के प्रधानमंत्री चर्चिल बचपन में तुतलाते थे, ठीक से उच्चारण नहीं कर पाते थे और अपने साथियों की हंसी का पात्र बनते थे। उन्होंने अपनी इस कमी से लड़ने का निश्चय किया और अपनी वाणी पर अधिकार करने का बीड़ा उठाया। घोर अध्यवसाय अपनाकर वे ऐसे कुशल वक्ता बने कि उनका भाषण सुनकर लोग मुग्ध हो जाया करते थे। अमेरिका के राष्ट्रपति थियोडोर रूजवेल्ट की एक आंख खराब थी। इस उपहास पर विजय पाने के लिए उन्होंने गोली चलाने में दक्षता पायी और पक्के निशानेबाज बने। लार्ड बायरन लंगड़े थे। वे अपने साथियों को पर्वतारोही बनते देखकर मन मसोस कर रह जाते थे। पर उन्होंने हार नहीं

I think, therefore I am.

मानी और तैराकी में कीर्तिमान स्थापित करके ही रहे। इमैन्युएल कांट बहुत ही कुरुप थे। इस कमी से व्यथित होने की बजाय उन्होंने दर्शनशास्त्र को अपना अध्ययन क्षेत्र चुना और कड़ी मेहनत और पक्के इरादों के कारण विश्वविख्यात दार्शनिकों की पंक्ति में जा बैठे। यही चिनगारी आपके अंदर भी है। सभी के अंदर है। आप इसे पहचानिए और ज़िंदगी बदल डालने वाले इस अवसर का भरपूर फायदा उठाईये। अगर आप भी अपनी काबलियत का लोहा मनवाना चाहते हैं, तो अवसर आपके सामने आ चुका है। आपको तो सिर्फ निर्णय लेना है।

जब तक सांस, तब तक आस।

उसे साथ रखिए

एक ईसाई फकीर औरत थी—सेंट थेरेसा। उसने एक दिन गांव के चर्च में जाकर घोषणा की कि मैं एक बहुत बड़ा परमात्मा का मंदिर बनाना चाहती हूं। गांव छोटा था, चर्च भी बहुत छोटा था। लोगों ने कहा हम कहां से पैसा इकट्ठा करेंगें? कहां से बड़ा मंदिर बनाएंगे? यहां कौन देगा? कहां से आएगा?

एक आदमी ने उससे पूछा कि थेरेसा, यह तो ठीक है कि तुम मंदिर बनाना चाहती हो, हम भी बनाना चाहेंगे। लेकिन तुम्हारे पास कितने पैसे हैं?

थेरेसा ने अपने खीसे में हाथ डाला। दो पैसे थे उसके पास। उसने कहा-इतने से काम तो शुरू हो ही जाएगा। तो लोग हंसने लगे। पर ध्यान रहे अगर लोग आप पर हंस नहीं रहे तो आप कुछ खास कर भी नहीं रहे हो। लोगों ने कहा हमको पहले ही शक था कि तेरा दिमाग खराब हो गया है। दो पैसे से बड़ा मंदिर बनाने की सोच रही है, करोड़ों रुपयों की ज़रूरत पड़ेगी।

I pray you ... your play needs no excuse. Never excuse.

थेरेसा ने कहा कि तुम्हें ये दो दिखाई पड़ते हैं। यह तो ठीक है। मेरे पास दो हैं, लेकिन उसके पास। वह भी मेरे साथ है। हम तो दो पैसे से शुरूआत करने वाले हैं आखिर में तो उसी को करना है। हम कर ही क्या सकते हैं? हमारी शक्ति ही क्या है? दो पैसे की, बाकी तो उसी की है। हम तो दो पैसे तक जाएंगे फिर उससे कह देंगे आगे तेरी मर्ज़ी।

वह मंदिर बना। वह मंदिर आज भी खड़ा है। वह मंदिर तुम्हारी शक्ति से नहीं बनता। तुम्हारे पास है ही क्या? दो पैसे? उससे तो तुम कल्पना ही नहीं कर सकते बनाने की? क्या बनेगा? तुमसे होगा क्या? बड़े मंदिर बनाने चले हो? लेकिन दो पैसा और परमात्मा। तब तो अपार संपत्ति है तुम्हारे पास। फिर कोई हर्जा नहीं। फिर तो जो भी तुम बनाना चाहोगे बन ही जाएगा। लेकिन तुम दो पैसा ही रहना।

संपत्ति पुरुषार्थ पैदा नहीं करती। पुरुषार्थ से संपत्ति पैदा होती है। यदि लगन लग पड़े तो जेल में कैदी फर्श पर लिखकर परीक्षा पास करते देखे गए हैं। अगर समाधान की तलाश हो तो ब्रह्माण्ड के किसी कोने से जिज्ञासा शांत करने वाले आ जाते हैं। अगर धुन पक्की हो तो अकबर जैसे निरक्षर भी ऐसे योग्य बन सकते हैं कि बारह साल की उम्र में ही सिंहांसन संभाल लें और अपनी बुद्धि से सभा के नवरत्नों का मार्गदर्शन कर सकें।

जिसने भी यह किताब आपको पढ़ने को दी है या आपसे इसे पढ़ने को कहा है उसकी मंशा साफ है कि वो आपका परिचय आपसे करवाना चाहता है। आपमें पुरुषार्थ है पर उस पुरुषार्थ को संपत्ति में बदलने का माध्यम, अवसर या सहयोगी आपके पास नहीं है। आपके पुरुषार्थ को संपत्ति में बदलने का सहयोगी आज एक माध्यम लेकर आपके पास आया है अतः आप उस आदमी को धन्यवाद देना मत भूलना, क्योंकि उसने आपमें एक अमीर आदमी बनने की संभावना और तस्वीर देखी है।

आशा ही जीवन है, और जीवन ही आशा है।

उसके इरादों पर आप कतई संदेह नहीं करना, क्योंकि वह तो मात्र आपको जगाने आया है और आपका मित्र है। उस व्यक्ति के माध्यम से लक्ष्मी आपके घर आना चाहती है, पर आप अपना दरवाजा तो खोलिए।

May you live all the days of your life.

Better wear out than rust out

दो बीजों में अंकुर फूटे। छोटा बोला—भैया, ऊपर मत जाना। वहां बहुत भय है। लोग तुझे रौंद डालेंगे, बड़ा सब सुनता रहा और चुपचाप ऊपर उठता रहा। धीरे-धीरे धरती की परत पार कर ऊपर निकल आया और बाहर का सौंदर्य देखकर मुस्कुराने लगा। सूर्यदेव ने धूपस्नान कराया, पवनदेव ने पंखा डुलाया, वर्षा ने शीतल जल पिलाया। किसान आया और खुश होकर चला गया। बीज बढ़ता ही चला गया, झूमता, लहराता, फूलता और फलता हुआ एक दिन परिपक्व अवस्था तक जा पहुंचा। जब इस संसार से विदा हुआ, तो अपने जैसे असंख्य बीज छोड़कर विदा हो गया। छोटा बीज यह देखकर पछताता रहा। भय और संकीर्णता के कारण जहां था, वहीं पड़ा रहा।

एक आम का पेड़ था। फलों में से एक बड़ा डरपोक था। जो पकते गए, वे धरती पर कूदते गए। कितनों को मालिक ने ही तोड़ लिया पर वह डरपोक आम पत्तों में ही दुबका पड़ा रहता।

उसकी उद्विग्नता और बढ़ी। साथियों के जाने का भी मोह सताता

उत्तरदायित्व से शिक्षा प्राप्त होती है।

रहता, फिर भी पेड़ से जकड़े रहने का मोह छूटा नहीं। अज्ञात मे जाने का संशय मन का कीड़ा बन गया और उसने उसे खाकर सुखा डाला और कुरूप कर दिया। आंधी के एक ही झोंके ने उसे सूखे पत्तों के साथ तोड़कर एक खड्डे में फेंक दिया।

यही कृपणता एक दिन जीवन का अंग, प्रारब्ध और संस्कार बन जाती है और जन्म-जन्मान्तर तक पीछा नहीं छोड़ती।

संशय के कीड़े को मन में जगह बनाने न दीजिए। संशय दूर करने के लिये जानकारी एकत्र कीजिए और 'सोच रहा हूं' की बहानेबाजी को पहचानना सीख लीजिए। आपके पास अवसर है और निर्णय लेने की शक्ति भी। खत्म तो सभी को होना है। पर आप किस तरीके से खत्म होना चाहेंगें यह आपके हाथ में है। एक बार जहाज़ पानी में उतर गया तो उसको तो खत्म होना ही है। अगर वो बंदरगाह में खड़ा ही रहता है और तूफान और लहरों के डर से किनारा छोड़ता ही नहीं तो वह खड़े-खड़े जंग खाकर खत्म हो जाएगा और अगर वह सागर में जाता है तो लहरों से घिसकर खत्म हो जाएगा। सोचने की बात ये है कि जहाज़ बंदरगाह में खड़े रखने के लिए नहीं बनाया जाता। उसे तो लहरों का सामना करने के लिये ही बनाया गया है। आपको भी घर से बाहर आकर लोगों का सामना करने के लिए दुनिया में भेजा गया है न कि घर के अंदर घुसे रहकर टीवी के रिमोट से चेनल बदलने के लिये। बीबी बच्चों को बचत के फायदे समझाने और उनको संतोषी सदा सुखी की गोली खिलाकर सुलाने के लिए आपको दुनिया में नहीं भेजा गया है। घर से बाहर निकलिए। लोगों का सामना कीजिए। अमीर बनने की कीमत चुकाईए और अमीर बन जाइए। आपके पास अमीर बनने का इससे आसान और सुरक्षित तरीका और कोई दूसरा नहीं है।

A smile is a curve that sets everything straight.

एक कोशिश और करें

सोलन नदी के तट पर हीरे की खदान होने के प्रमाण मिल रहे थे। रेफिल उसकी तलाश में साथियों समेत जुट गया।

पूरा एक वर्ष बीत गया। कोई दस लाख पत्थर के टुकड़े उसने बीने और फेंके, इनमें से कोई हीरा न था। थकान से वह चूर-चूर होता गया। जो पास में था वो भी उसी प्रयास में चुक गया। काम बंद करने और वापस लौट चलने का निश्चय किया।

लौटने की तैयारी होने लगी। तो भी रेफिल तैयारी के दौरान भी प्रयास करता रहा। मन यही कहता एक पकड़ और लड़ लें। एक दांव और लगा लें। लौटने के निश्चित दिन के एक दिन पूर्व ही एक बड़ा सा हीरा उसके हाथ लगा। बाजार में वह दो लाख डालर में बिका। नए उत्साह में उसने नया सरंजाम जुटाया और सोलन नदी के तट का नए सिरे से सर्वेक्षण किया। ढेरों हीरे मिले और वह विश्व-विख्यात धनाढ्य बन गया।

रेफिल के दफ्तर में साइन बोर्ड की तरह यह अक्षर लिखे हैं "निराशा

उत्साह मनुष्य की भाग्यशीलता का मापदंड है।

के क्षणों में भी सोचते रहें कि एक पकड़ और लड़ेंगें।"

हो सकता है कि आप जब हीरे तलाशने जाते हों तो आपके हाथ में कंकड़ पत्थर लग जाते हों। पर निराश होने की कोई ज़रूरत नहीं हैं क्योंकि क्या पता आपकी अगली मुलाकात हीरे से ही होने वाली हो। अतः आप लोगों को फोन करते रहें, उनसे अपाइंटमेंट लेते रहें क्योंकि यही सही तरीका है इस बिजनेस को करने का। आपको टॉप पर पहुंचाने वाले सभी लोग इस दुनिया में पहले से ही मौजूद हैं, आप मात्र धीरज के साथ उनको खोजते रहें। निराशा के क्षणों में भी सोचते रहें कि एक से बात और करेंगे, एक फोन काल और करेंगे। एक अपाइंटमेंट और लेंगें। ये बिजनेस तो चलता है बिल्कुल चलता है केवल आप चलते रहिए।

जितनी हमारी योग्यता है उतना हमें मिल ही जाता है। जो आदमी जिस चीज का पात्र है उससे कम उसे कभी नहीं मिलता कुछ ज़्यादा ही मिलता है। यह जगत का न्याय है यह जगत का धर्म है। हम जितनी दूर तक तैयार होते हैं उतनी दूर तक हमें मिल ही जाता है और अगर न भी मिलता हो तो हमें जानना चाहिए कि कोई अन्याय कहीं नहीं हो रहा है, हमारी ही तैयारी कम होगी आखिर हमें सताने के लिए जगत का सर्वकालिक नियम तो तोड़ा नहीं जाएगा। लेकिन हमारा मन कहता है कि कोई अन्याय हो रहा है मैं तो योग्य इतना हूं लेकिन मुझे यह नहीं मिल रहा। लेकिन ऐसा सच नहीं है, हम जितने योग्य हैं उतना तो मिल ही जाता है। योग्यता और मिलना एक ही चीज़ के दो नाम है। लेकिन हमारा मन आकांक्षा बहुत करता है और श्रम बहुत कम के लिये करता है। हमारी आकांक्षा और हमारे श्रम में गैप, फासला बहुत होता है और यह गैप ही असंतोष की जड़ है। इसी फासले की वजह से हम दीवानों जैसे घूमते रहते हैं कि कहीं कुछ मिल जाए, कहीं कुछ मिल जाए। हम

The less you open your heart, the more your heart suffers.

आकांक्षा तो स्वास्थ्य की करते हैं पर व्यायाम का श्रम करना नहीं चाहते तो बात बन भी कैसे सकती है। प्रयत्न करने से कठिन से कठिन कार्य भी सरल हो जाते हैं, यह कभी भी न भूलना चाहिए।

उद्दण्डता सरलता का केवल उग्र रूप है।

निराश न हों, न ही छोड़ने का सोचें

प्रख्यात लेखक जूल्स बर्न फ्रांस की एक कंपनी में नौकरी करते थे। उनकी नौकरी छूट गई। बेकारी के समय में उन्हें पुस्तकों से अच्छा कोई साथी नहीं मिला। काफी पुस्तकें पढ़ने के बाद उन्हें लगा कि एक किताब खुद लिखी जाए और काफी सोच-विचार के बाद उन्होंने पुस्तक शुरू की 'गुब्बारे में पांच सप्ताह'। पुस्तक काफी रोचक बन गई। बर्न उसे एक प्रकाशक को दे आए, लेकिन कुछ समय बाद प्रकाशक ने वह पांडुलिपी उन्हें वापिस भिजवा दी और इसके बाद लगातार पंद्रह प्रकाशकों ने उनकी रचना वापिस कर दी। इससे बर्न लगभग निराश हो गए। उन्होंने उस पांडुलिपी को जला देने का फैसला कर लिया, परंतु पत्नी ने उन्हें रोक लिया और कहा, 'दिल छोटा न कीजिए, शायद अगला प्रकाशक इसे पसंद कर ले।' इस पर बर्न ने पुस्तक एक और प्रकाशक को भेज दी। कुछ दिनों बाद उन्हें प्रकाशक का पत्र मिला, 'हमने आपकी पुस्तक को प्रकाशित करने का फैसला कर लिया है।' 1872 में जब पुस्तक छपकर बाजार में

The action of love has no motive, and every other action has.

आई तो हाथों-हाथ बिक गई। इसके बाद तो वे सभी प्रकाशक भी बर्न की नई रचनाओं के लिये गिड़गिड़ाने लगे, जो पहले उनकी पांडुलिपी वापिस कर चुके थे। कुछ ही वर्षों में जूल्स बर्न की कई पुस्तकों ने धूम मचा दी। अनेक भाषाओं में उनके अनुवाद हुए।

निराशा के क्षणों में आप विश्राम कर सकते हैं। उसके बाद तरोताज़ा होकर नई आशा के साथ और नई समझदारी के साथ फिर से काम शुरू कर सकते हैं, पर आप छोड़ने का न सोचें, क्योंकि सबसे आसान काम है छोड़ के भाग जाना। अगर अगला दरवाजा आपकी किस्मत खोलने वाला हो सकता है तो भी आपको खटखटाना तो पड़ेगा ही। इसलिए लोगों के संपर्क में रहें।

उदासीनता बहुधा अपराध से भी भयंकर होती है।

विकलांग कौन?

दो में से एक बात हमेशा होती है कि या तो आप काम कर लेते हैं या कोई बहाना बना देते हैं। बिल्कुल सीधी बात तो ये है कि जिसको करना है वो कर ही लेता है और जिसे नहीं करना है, वो बहाने बनाने लगता है। कोई काम करने का एक ही कारण होता है कि करना है। नहीं करने के अनगिनत कारण गिनाए जा सकते हैं। जीवन में मनचाही सफलता न मिलते पर कोई साधनों के अभाव की शिकायत करता है तो कोई समय को खराब या प्रतिकूल बात कहता है कोई अवसर के उपलब्ध न होने का रोना रोता है।

ये बहानेबाजी में प्रवीण लोग कंचन गावा को नहीं जानते। कंचन गावा जब आठ वर्ष की थी, तो आंख की एक नस के खराब होने के कारण उसको दिखना बंद हो गया। उसके पर्वत पर चढ़ने का शौक पूरा करने का मुख्य रास्ता तो बंद ही हो गया। पर कंचन बहानेबाज नहीं थी। उसने भारतीय स्काउट गाइड में रजिस्ट्रेशन के लिये आवेदन किया तो

Where there is great love there are always miracles.

लोग हंसी उड़ाने लगे थे। वैसे भी बुद्धिमानों पर मूर्खों के हंसने की प्रथा दुनिया में लगभग हर जगह हैं। और एक बात भी है कि अगर आप पर लोग हंस नहीं रहे हैं, तो आप कुछ ख़ास कर भी नहीं रहे हो। लेकिन कौवों के हंसने से भला किसी हंस ने कभी अपनी चाल बदली है, सो कंचन ने भी सुनना बंद कर दिया देख तो वो वैसे भी नहीं सकती थी। फिर शुरू हुआ पर्वतारोहण का प्रारंभिक प्रशिक्षण। साढ़े चार वर्ष की कठोर साधना ने उसे ट्रेकिंग, चट्टानों की चढ़ाई का माहिर बना दिया। आज वह 13000 फुट ऊंची टोगलू चोटी पर चढ़ चुकी है, टाइगर हिल अभियान में भाग ले चुकी है, 14500 फुट ऊंची जोंगरी चोटी पर चढ़ चुकी है। उसकी उपलब्धियों को देखते हुए ब्रिटेन में गाइड के अंतराष्ट्रीय कैंप में उसे आमंत्रित किया गया जिसमें 120 देशों के 600 प्रतिनिधि आए थे। कंचन गावा इनमें एकमात्र विकलांग प्रतिनिधि थी। वह उन 40 व्यक्तियों में से एक थी, जिन्होंने प्रशिक्षण की सारी 42 चुनौतियों को पार किया था। हिमालय माउंटेनियरिंग इंस्टीट्यूट दार्जिलिंग की सदस्या कंचन गावा का कहना है 'मुझे लगता है कि प्रत्येक किसी-न-किसी रूप में विकलांग होता है। मेरे पास आंखे नहीं हैं दूसरों के पास साहस नहीं होता।'

एक विकलांग नेत्रहीन लड़की पहाड़ पर चढ़ सकती है, पर आप अपने बच्चों के भविष्य के लिए यह आसान सा बिजनेस करने के बदले बहानेबाजी करते हैं तो ताज्जुब होता है।

ईश्वर के लिए इससे भव्य दृश्य और कोई नहीं होता कि एक व्यक्ति परिस्थितियों के विरूद्ध संघर्षरत है। हमारे सामने ऐसी मिसालों की कमी नहीं है जिनमें विभिन्न स्त्री-पुरुषों ने अपनी इच्छाशक्ति के बल पर स्वयं को अपमान, लाचारी, निर्धनता और दुर्भाग्य के गर्त से बाहर निकाल लिया। स्वयं को कमज़ोर और नाकामयाब समझे जाने की चेतना के दंश

उदार मन वाले विभिन्न धर्मों में सत्य देखते हैं।

ने अनेक लोगों में वह दृढ़ता पैदा की है, जिसके सहारे वे उन लोगों से भी आगे निकल गए जो उन पर हंसते थे और उनका मज़ाक उड़ाते थे।

जिनमें रचनात्मक शक्तियां हैं, ईश्वर ने उन्हें किसी खास मिट्टी से नहीं गढ़ा है, सबका निर्माण उसी कलाकार ने एक ही मिट्टी से किया है। वह सभी को एक जैसी धूप, हवा, पानी और शरीर देता है हम सब एक ही वातावरण में पलते, बढ़ते हैं। प्रत्येक सामान्य एवं स्वस्थ व्यक्ति के काम करने के बल में कोई खास अंतर नहीं होता। पर हीनता और अपने को कम समझने की बीमारी से ग्रसित लोग अक्सर बड़े मकानों, चमचमाती गाड़ियों और अच्छी होटलों में खाना खाते लोगों को देखकर सोचते हैं कि काश मेरी किस्मत इतनी अच्छी होती तो मैं भी आलीशान घर में रह सकता था, चमचमाती गाड़ियों में घूम सकता था, शानदार होटल में खाना सकता था, उन्हें यकीन नहीं होता कि यह किस्मत का कमाल नहीं है, बल्कि कर्मों द्वारा किस्मत बदलने का एक उदाहरण है। जिससे सीख लेकर वह भी अपनी किस्मत बदलकर अपने अभावों को दूर कर सकता है। उन्होंने अच्छे जीवन की इच्छा नहीं की, उन्होंने अच्छे जीवन का इरादा किया और किस्मत बदल के रख दी। आप भी अपने जीवन पर ग़ौर करेंगे तो पाएंगे कि इच्छा करने से कुछ नहीं होता इरादा करने से सबकुछ हो जाता है।

The soul is here for its own joy.

अभाव का रोना न रोएं

शरीर से रुग्ण और अति दुर्बल गोर्की पर दुर्भाग्य एक के बाद आता गया। पिता का देहांत हो गया तो मां नाना-नानी के घर चली आई। उसे ननिहाल में छोड़कर मां ने दूसरे से विवाह कर लिया और चली गई। नाना ग़रीब थे और मामा क्रूर। मामा का दुर्व्यवहार बढ़ता ही चला गया तो गोर्की ने बारह वर्ष की उम्र में ही स्वावलंबी होने का निश्चय किया।

एक स्टीमर में बरतन मांजने का काम मिल गया, जिससे पेट भर जाता था। दो वर्ष तक बरतन धोने के बाद उन्हें रसोई का काम मिल गया। साथियों और कुछ कृपालुओं की सहायता से कुछ किताबें मिल गईं और गोर्की ने चौदह वर्ष की उम्र में पहली बार पढ़ाई का मुंह देखा। और उसे निजी रुप से जारी रखा। स्कूल जाने का तो कोई सवाल नहीं था। लगभग दस वर्ष ऐसे ही बीत गए।

उन दिनों रूसी क्रांति की हवा बह रही थी। गोर्की ने निजी तौर पर अपनी पढ़ाई जारी रखी और क्रांति में भाग लिया। टालस्टाय उनके लेखन से बड़े प्रभावित थे। लेखन कार्य प्रारंभ किया तो वे उसमें भी उच्च शिखर पर पहुंचे। आज लेखकों में उनका नाम बड़े आदर से लिया जाता है।

भाग्य ने जिसे पग-पग पर ठुकराया, परिस्थितियां जिसके बिलकुल प्रतिकूल रहीं वह आदमी विश्वविख्यात बन गया, इससे उसके पुरुषार्थ को ही सराहा जा सकता है।

बहुत-से व्यक्ति कम योग्यता और साधन रहते हुए भी बहुत काम कर डालते हैं और बड़ी सफलता प्राप्त करते हैं। इसका एकमात्र कारण होता है—संतुलित मस्तिष्क और व्यवस्थित क्रिया पद्धति। जिसके पास निश्चित कार्यक्रम है और जिसकी इच्छाशक्ति तीव्र है उसे कोई कमी या कठिनाई तिरस्कृत जीवन जीने को बाध्य नहीं कर सकती।

उद्यम ही सफलता की कुंजी है।

साधारण लोग सदा अपने अभाव, कमी, दुःख और दारिद्रय का रोना रोते रहते हैं। वे दूसरों के व्यवहार में बुराई, कमी, दोष और भूल ढूढ़ते हैं और इसी कारण दुखी और निराश रहते हैं। देव स्वभाव के मनुष्य ईश्वर द्वारा अपने को दी गई अगणित सुविधाओं का चिंतन कर हर घड़ी प्रसन्न रहते हैं। अपने को भाग्यवान समझते हैं कि हम असंख्यों से अच्छे हैं। वे दूसरों के उपकारों, सहायताओं, भलाईयों और अच्छाईयों का स्मरण करते हैं। संसार की प्रत्येक वस्तु, घटना और प्राणी में सौंदर्य और उपयोगिता ढूढ़ते हैं। इस प्रकार उन्हें अपने चारों ओर आनंद, संतोष, प्रसन्नता और सौभाग्य बिखरा हुआ दृष्टिगोचर होता है, जिसके लिये वे प्रभु को अनेकों धन्यवाद देते हैं कि प्रभु, तूने हमें कितने सुख-सौभाग्य दिये हैं, हम तेरा जितना अनुग्रह मानें वो थोड़ा है। इस सौभाग्य राशि की तुलना में उन्हें अपना अभाव और कष्ट ऐसे मालूम होते हैं मानो उन्हें केवल दिखाने के लिये ही रखा गया हो। सुंदर बालक के माथे पर माताएं काला टीका लगा देती हैं कि उसे किसी की नजर न लग जाए, थोड़े से अभाव और कष्टों को वह ईश्वर द्वारा लगाया हुआ टीका समझते हैं और उसकी आवश्यकता अनुभव करते हुए सुखी, संपन्न और संतुष्ट रहते हैं।

Knowledge and courage take turns at greatness.

लोग क्या कहेंगे?

लोग क्या कहेंगे का डर उतना वास्तविक नहीं होता जितना हम समझते हैं। अक्सर आदमी अपने निकम्मेपन को छुपाने के लिये 'लोग क्या कहेंगे' का सहारा ले लेता है, जैसे अभी वो जो कुछ भी कर रहा है उसके बारे में लोग अच्छा बोल रहे हों। वर्षों पहले इंग्लैण्ड में छतरी लगाना गंवारपन समझा जाता था। लोग वर्षा में भीगते, धूप में परेशान होते पर छाता नहीं लगाते थे, क्योंकि वे भी 'लोग क्या कहेंगे' की गंभीर बीमारी से ग्रस्त थे। इस मान्यता को बदलने का निश्चय वहां के एक राजदरबारी हेनरी जेम्स ने किया। वे छाता सदा अपने पास रखने लगे। वर्षा या धूप होने पर, या बर्फ गिरने पर वे किसी की परवाह किए बिना छाता लगाकर चलने लगे। कुछ दिन तो उनका मज़ाक छाते वाला कहकर उड़ाया जाता रहा, पर बाद में उसकी उपयोगिता समझी गई और लोगों ने छाता लगाकर चलना प्रारंभ कर दिया। बाद में तो राजघराने के लोग भी छाता लगाकर चलने लगे। मित्रमंडली ने जब इस चलन के लिए

मेल-मिलाप उन्नति की आत्मा है।

उनको बधाई दी तो उन्होंने इतना ही कहा, 'जो उपहास और व्यंग्य विरोध से नहीं डरता वही अपने और दूसरों के जीवन में बड़े परिवर्तन ला सकता है।' हमको भी चाहिए कि जो भी हम सभी के लिये ठीक समझते हैं उसे करने में हमें इस बात की परवाह नहीं करनी चाहिए कि कुछ लोग उसके बारे में क्या बोलते हैं? अगर राइट बंधुओं ने यह सोचा होता तो वे कभी भी हवाई जहाज नहीं बना सकते थे, क्योंकि जब उन्होंने पहली बार हवा से भारी मशीन को हवा में उड़ाने के बारे में कहना शुरु किया था तो लोगों ने उन्हें सिरफिरा कहा था। उस समय के प्रसिद्ध अखबार 'टाइम्स' ने तो उन पर बाक़ायदा मुक़दमा दर्ज किया था और उन्हें गिरफ्तार करने का अदालत से अनुरोध भी किया था कि ये दोनों भाई लोगों को बेवकूफ बना रहे हैं कि ये हवा से भारी मशीन को आकाश में उड़ा सकते हैं।

प्रतिष्ठा दो तरह की होती है। एक प्रतिष्ठा होती है, जो आत्मगरिमा से बनती है। इसका आधार भीतर होता है। यह आपकी छवि को आपकी नजर से देखती है। एक प्रतिष्ठा बाहरी होती है, जिसका आधार दूसरे लोगों के मत पर, पब्लिक ओपिनियन पर होता है। 'लोग क्या कहते हैं?' इसका आधार होता है। यह प्रतिष्ठा बड़ी खतरनाक है। यह प्रतिष्ठा भीतरी नहीं होती और इसका आधार डांवाडोल होता रहता है, इसलिए इसका कोई मूल्य भी नहीं होता। ऐसी प्रतिष्ठा सदा भयभीत रहती है क्योंकि लोग तो अनेक हैं और उनका भरोसा भी नहीं है। जितनी जल्दी लोगों के मन बदलते हैं उतनी जल्दी तो कोई चीज नही बदलती। कल के जो प्रतिष्ठित थे वे आज धूलधूसरित हो जाते हैं और जो कल कुछ नहीं थे वे आज प्रतिष्ठित हो जाते हैं।

The game is not about becoming somebody, it's about becoming nobody.

अपने-अपने क्षितिज

लगभग सौ वर्ष पूर्व की बात है। इस्टकोस्ट के एक पादरी एक बार अपने प्रोफेसर मित्र से मिलने गए। डिनर के बाद पादरी ने बड़े विश्वास से कहा कि विज्ञान अपने यौवन पर आ चुका है। अब सभी आविष्कार हो चुके हैं। प्रकृति के बारे में सभी बातें जान ली गई हैं। उनके मित्र ने नम्रता से कहा कि ऐसा नहीं है। अभी तो कुछ भी नहीं हुआ है और कई आविष्कार होने बाकी हैं। पादरी तैश में आ गए और क्रोधित स्वर में प्रोफेसर को चुनौती दी कि वे किसी एक भी आविष्कार का नाम बता दें। इस पर प्रोफेसर ने जवाब दिया कि आज से पचास साल बाद आदमी हवा में उड़ने में समर्थ होगा। पादरी ने उत्तेजित होकर कहा, 'यह क्या बकवास लगा रखी है? हवा में तो सिर्फ देवदूत उड़ सकते हैं!'

उस पादरी का नाम था राइट। उसके दो बेटे थे जिनके नाम थे ऑरविल और विल्बर, जो आगे आने वाले समय में ये साबित करने वाले थे कि इंसान हवा में उड़ सकने वाली मशीन बना सकता है। पिता और

कर्त्तव्य भाव से ऊंचा है।

पुत्र एक ही आसमान के नीचे रहते थे, पर उनके क्षितिज एक नहीं थे। जो कहता था कि हवा में उड़ना असंभव है उसी के बेटे ने हवाई जहाज का पहला मॉडल बनाकर हवा में उड़ाया। ऐसा कैसे हो जाता है कि दो लोग एक ही समय में एक ही जगह में रहते हों उन्हें चीजें बिल्कुल अलग अलग दिखाई पड़ें। सीधी-सी बात है कि जो होता है वो देखने की बजाय हम वही देखते हैं जो देखने के लिये हम तैयार होते हैं।

Happiness is a present attitude, not a future condition.

आज ही शुरू करें

बालक यूनेज सेण्डो अत्यंत दुर्बल और रोगी था। अपनी बुरी आदतों के कारण उसने बचपन में ही अपना स्वास्थ्य खराब कर लिया था। एक दिन सैण्डो अपने पिता के साथ अजायबघर देखने गया। रोम की गैलरी में उसने प्राचीनकाल के बलिष्ठ पुरुषों की मूर्तियां देखीं। उसे विश्वास नहीं हुआ कि ऐसे मांसल भुजाओं वाले स्वस्थ और बलवान लोग भी इस संसार में हो सकते हैं। सैण्डो इन प्रतिमाओं को देखकर बड़ा प्रभावित हुआ। उसने पिता से पूछा 'यह प्रतिमाएं काल्पनिक हैं अथवा ऐसा स्वास्थ्य कभी संभव हो सकता है ? पिता ने आत्मविश्वास से कहा, 'हां हां, क्यों नहीं। संसार में क्या संभव नहीं है। यदि तुम नियमित व्यायाम और परिश्रम करो, संयमी और निश्चयी बन जाओ तो ऐसा ही स्वास्थ्य तुम भी प्राप्त कर सकते हो।'

बात सैण्डो के मन में बैठ गई। पिछली खराब ज़िंदगी का चोला उसने उतार फेंका और नियमपूर्वक व्यायाम और कठोर श्रम करने लगा। कुछ

कलंक दंड में नहीं अपराध में है।

वर्ष बीत गए। अपने परिश्रम के दम पर वह प्रख्यात पहलवान बना। उसने व्यायाम की अनेक विधियां भी विकसित कीं जिन्हें सैण्डो की कलाएं कहा जाता है। आज भी बिना बांह वाली बनियान को सैण्डो बनियान कहा जाता है, क्योंकि सबसे पहले वैसी बनियान उसी ने पहनी थी।

परिस्थिति कैसी है? इस पर कुछ निर्भर नहीं करता है। हम परिस्थिति को कैसे लेते हैं इस पर सब कुछ निर्भर करता है। हर एक व्यक्ति को परिस्थिति को कैसे लेना है यह सीख लेना चाहिए। पत्थर सीढ़ियां बन सकते हैं, सीढ़ियां पत्थर जैसी लग सकती हैं। अवसर दुर्भाग्य मालूम हो सकते हैं, दुर्भाग्य अवसर बन सकते हैं। हम कैसी दृष्टि, कैसी पकड़ रखते हैं। आशा से भरकर जीवन को देखें। प्रतीक्षा से भरकर जीवन को देखें। सामान्यतया हमारी दृष्टि बड़ी निराशापूर्ण है। हम चीजों को हमेशा अंधेरे हिस्से की तरफ से देखते हैं। हमेशा हम वहां से देखते हैं जहां चीजें दुखद, कष्टपूर्ण, और प्रतिकूल प्रतीत होने लगती हैं।

It matters not how long we live but how.

कामयाबी के छः नायाब सूत्र

हम और आप अपने चारों ओर दो प्रकार के लोगों से अक्सर मिलते हैं, एक वे जो परेशान दिखाई देते हैं, शिकायत करते दिखाई देते हैं और दूसरे वे जो कुछ करने को लालायित रहते हैं। आखिर ऐसा क्यों है कि कुछ लोग जीवन से समझौता करते हुए जीवन काटने में उत्सुक रहते हैं, जबकि कुछ लोग जीवन अच्छे से बिताने में यक़ीन रखते हैं और उसके लिये प्रयास करते रहते हैं।

1

किसी भी कार्य में सफलता के कुछ सिद्धांत और सूत्र होते हैं जिस पर

जीवन में रंग कर्मशीलता ही भरती है।

विश्वास कर उनका अनुगमन कर आप इच्छित सफलता प्राप्त कर सकते हैं। इन सूत्रों मे पहला सूत्र है आपका दृष्टिकोण। जीवन में होने वाली घटनाओं दुर्घटनाओं पर आपका कोई नियंत्रण नहीं है पर उससे निपटने का नजरिया आपके ज़ेहन में जरूर है। सफलताओं के पीछे श्रम और ज्ञान से ज्यादा प्रभाव अपने प्रति और उपस्थित परिस्थितियों के प्रति आपके नजरिए का होता है। यदि आपका नजरिया सकारात्मक है तो आप अपने लिये और औरों के लिए एक मधुर वातावरण की रचना कर सकते हैं। सकारात्मक नजरिए वाला व्यक्ति सामने की परिस्थिति से कैसे निपटा जाए इस पर अपनी ऊर्जा खर्च करता है और मैं इससे निपट सकता हूं का विचार और विश्वास रखता है। आप परिस्थिति भले ही न बदल पाएं पर मनःस्थिति तो बदल ही सकते हैं।

किसी भी कार्य में सफलता के लिए आपका दृष्टिकोण निर्णायक रोल अदा करता है। सकारात्मक चिंतक हर परिस्थिति को अपने अनुकूल पाता है। सवाल कभी-कभी यह भी उठता है कि क्या सकारात्मक चिंतक कभी निराश होता है। उत्तर है हां, परंतु वह यह भी जानता है कि निराशा की इस भावना को कैसे संभालना है और इससे बाहर कैसे निकलना है। जीवन की सफलता विफलता के निर्णायक तत्वों में इच्छा शक्ति का स्थान सर्वोपरि है। इसके होने पर जैसे व्यक्ति शून्य में से सब कुछ प्रगट कर देता है और इसके अभाव में व्यक्ति सब कुछ होते हुए भी दुर्भाग्य एवं असफलता का रोना रोता रहता है। वस्तुतः इच्छाशक्ति की कमी जीवन की विफलताओं का मूल कारण है। इसके रहते व्यक्ति छोटी-छोटी आदतों और लालच का दास बना रहता है और उसके भविष्य के लिये सुखदायक अवसरों को नकारने में शान समझता है। आप अपनी इच्छाशक्ति की विवेचना खुद कर लें।

Knowledge and courage take turns at greatness.

2

समय का सही उपयोग इस कड़ी का दूसरा सूत्र है। प्रायः सभी सफल हस्तियां समय के मामले में कंजूस रही हैं। आपको अपने कार्यो की प्राथमिकताएं तय करना आना चाहिए और सभी ज़रूरी काम बिना तनाव के निपटाना चाहिए। रोज़ का काम रोज़ करने की आदत आपको आत्मसंतुष्टि देती है और आपके आत्मविश्वास को बढ़ाती है। आप कैसे लोगों के बीच और किस तरह की बातों के बीच समय खर्च कर रहे हैं यह आपके भविष्य की दिशा तय करता है। बुरे लोगों के साथ वक्त गुजारने से तो यह अच्छा है कि आप अकेले रहें।

3

तीसरे सूत्र के रूप में परिस्थितियों का सही उपयोग करना आता है। महत्वपूर्ण यह नहीं है कि परिस्थिति कैसी हैं महत्वपूर्ण यह है कि आप उनका उपयोग कैसे करते हैं। ऐसा शायद ही कभी होता है कि परिस्थितियां अनुकूल हों, परंतु अगर सूझ-बूझ से काम लिया जाए तो उपलब्ध परिस्थितियों को ही सफलता की सीढ़ी और माध्यम बनाया जा सकता है। हालात से तालमेल बिठाने के लिए आवश्यक है आपकी संगत कार्यशील और लगनशील लोगों के साथ हो। एक राजा शिकार के गुम हो जाने पर उसे खोजता हुआ एक साधु की कुटिया में पहुंचा। साधु ने पूछा — 'राजन् किस कारण इधर आगमन हुआ ? तब राजा ने कहा—

कामनाएं सांप के विषैले दांत के समान हैं।

'मैं एक हिरन का शिकार करते-करते यहां पहुंच गया हूं। वह हिरन यहीं कहीं छिप गया है।

साधु ने राजा का यथोचित स्वागत किया, कुछ सुगंधित पुष्प राजा को भेंट किए, किंतु उनका धनुष छिपा दिया और कहा— 'यह पुष्प रखें, इनको देखते ही हिरन मर जाएगा।'

राजा ने कहा— 'महाराज, मुझे किसी को मारना नहीं है। हत्या करने से तो पाप होता है। सबकी ज़िंदगी में फूल बिखेरने चाहिए।' कुछ देर बाद राजा जब चलने को तैयार हुआ तो उसे धनुष की याद आई। साधु ने धनुष दे दिया। धनुष हाथ में लेते ही राजा ने कहा— 'बड़ी देर कर दी मैंने। मैं अब शिकार करूंगा।'

यही सोहबत का असर है। सत्संग करने से विचार बदलने में सहायता मिलती है और जीवन में सहृदयता एवं उदारता का विकास होता है। फूल की संगत में हम दूसरों के जीवन में फूल बिखेरने की ओर उद्यत होते हैं और धनुष हाथ में लेते ही शिकार की सोचने लगते हैं। इसलिए आप अपनी सोहबत का अवलोकन करते रहा करें कि कैसे लोगों के बीच में आपका समय बीत रहा है। एजुकेशन सिस्टम की मीटिंग में आपकी सोहबत उन लोगों से होती है, जो बिजनेस में सफलता के लिए उत्सुक और प्रयासरत हैं। अतः उनकी सोहबत में रहें।

4

आपका व्यक्तित्व आपकी सफलता का केंद्र बिंदु है। आपका पहनावा, चाल, रहन-सहन, बातचीत का तरीका आपको मिलने वाली सफलता पर निर्णायक प्रभाव डालते हैं। आप यह हमेशा याद रखें कि चालाकी से कोई

Nothing can dim the light which shines from within.

बड़ा काम नहीं हुआ और अगर हो भी गया तो कष्ट और पश्चाताप का कारण बना। इन दुर्गुणों से दूर रहना और सफलता के पास रहना एक ही बात है। आप अपने आप ऊपर नहीं उठ पाते पर आपको दूसरों का सहयोग मिले तो आप ज़रूर ऊपर उठ सकते हैं। अतः आपको दूसरों का सहयोग करना चाहिये। आपको अपने सद्गुणों की साधना एवं विकास बहुत ही दृढ़ता से करना चाहिए। आप अगर सफलता की तलाश में एक बेहतर इंसान बन जाते हैं तो ये कहीं से भी घाटे का सौदा नहीं है।

5

पांचवें सूत्र के रूप में सतत क्रियाशीलता का स्थान आता है। एडीसन ने लगभग सात सौ प्रयोग किए थे, तब कहीं जाकर वो बल्ब बना पाया था। क्रियाशीलता सकारात्मक हो यानि किसी के विरोध में न हो। इसमें आपके विकास व प्रगति के अवयव तो हों पर दूसरों से द्वेष, ईर्ष्या व उनके हानि की कामना कतई न हो। अनुशासनहीनता, आलस्य, बहानेबाजी से अपने-आपको दूर रख कर आप सफलता की राह पर चल सकते हैं।

6

इस संबंध में छठवां और अंतिम बिंदु है, संतुलन बनाए रखना। जीवन में सफलता तो महत्वपूर्ण है ही। आपका घर-परिवार-समाज-देश भी महत्वपूर्ण है। अगर इनमें से एक का भी अहित होता है तो आपका उसमें हित नहीं है। सफलता के साथ-साथ आपका स्वास्थ्य भी आवश्यक है। अगर रात भर खटमल मारते रहेंगें तो सोएंगें कब? भौतिक उपलब्धियों

लोभी मनुष्य की कामना कभी पूर्ण नहीं होती।

के साथ आध्यात्मिक एवं आंतरिक उन्नति भी आवश्यक है। सफलता का उद्देश्य अगर व्यक्तिगत न होकर दूसरों का भला करने हेतु प्रेरित है, तो सफलता की संभावना बढ़ जाती है।

पर याद रखें कि सफल हो जाना ही सबकुछ नहीं है। एक बुरे काम में सफल होने की बजाय एक अच्छे काम में असफल होना भी ज़्यादा मूल्य की और ज़्यादा गौरव की बात है। सफल होकर गिरे हुए काम करने से तो अच्छा है कि आप असफल ही रहते। आप बहुत पढ़ लिखकर आफिसर बन गए और घूस लेकर महंगे प्लाट और मकान खरीदने लगे तो आप असफल ही हुए सफल नहीं। घूसखोरी और बेईमानी के पैसों से अमीर बनने में सफल होने से अच्छा तो कमी में जीवन गुजारना है। प्रतिस्पर्धा में सफल होने की बजाय प्रेम में असफल होना ज़्यादा गौरवपूर्ण और वांछनीय है। सफलता का अर्थ दूसरों से आगे निकलना या उन्हें हराना कतई नहीं है। सफलता का एक ही अर्थ है कि आपने अपनी क्षमताओं के अनुरूप सबके हित में प्रयास किया या नहीं। सफल या असफल, विजय या पराजय अर्थहीन है। अर्थ है—मोर्चे का। किस मोर्चे पर विजय या पराजय? सत्य के या असत्य के, ईमानदारी के या बेईमानी के, मानवता के या दानवता के?

यह बिजनेस आपको अवसर देता है कि आप जायज तरीके से, अपनी आत्मा या स्वाभिमान बेचे बिना, बिना झूठ बोले, बिना किसी की खुशामद किए, बिना किसी की आह लिए, बिना घूस लिये या बिना किसी को धोखा दिए बेहिसाब धन और प्रतिष्ठा अर्जित कर सकते हैं। अपने धन कमाने के जरिए पर जरा ग़ौर करिए कि कहीं ऐसा तो नहीं है कि आप धन तो कमा रहें हों पर कहीं आपकी आत्मा पर बोझ भी बनता जा रहा हो। अगर ऐसा है तो देर न कीजिए और निर्णय लीजिए। जो आपको इस बिजनेस में शामिल होने का निमंत्रण दे रहा है वह चाहता है कि आप

Freedom means choosing your burden.

जायज तरीके से धन कमाएं और बेहिसाब कमाएं। उस पर संशय मत कीजिए और जाकर किट खरीदिए और अपना जायज बिजनेस शुरु कीजिए आज और अभी। सही योजना से शुरु किया गया बिजनेस अवश्य फलीभूत होगा।

गुनाह छिपा नहीं रहता, वह मनुष्य के माथे पर लिखा रहता है।

याद रखिए

☹ आप जितने ईमानदार, सच्चे और निष्ठावान बन सकते हैं, बनिए। अगर आपके पति/पत्नी और बच्चे आप पर अभी हंसते भी हैं, तो फिलहाल कोई बात नहीं हैं। अच्छी बातों का असर होने में वक्त लगता ही है। समय आने पर वे ही आप पर गर्व करेंगें।

☹ ग़लतियां करने का मौका दिन में सौ बार आता है, लेकिन अच्छा करने का अवसर या इरादा बहुत कम बार होता है। अगर अच्छा करने का मौका आ गया तो उसे ज़रूर कर डालिए।

☹ सहमति और सहयोग उन्नति के आवश्यक तत्व हैं। दूसरों को नुकसान कर आप कभी फायदे में नहीं रहेंगे। दूसरों को कमज़ोर कर आप कभी भी मजबूत नहीं बन सकेंगें।

☹ एक अच्छा उदाहरण ही सर्वश्रेष्ठ है। यह दस हजार शब्दों से ज्यादा असरकारक होता है।

☹ सबसे अच्छा जवाब है कुछ करके दिखा देना। आप जो कहते हैं

Mind like muscle is developed by use.

उस पर लोगों को संदेह होता है पर वे उस बात पर तुरंत विश्वास कर लेते हैं जो आप करते हैं।

☹ सफलता की डगर ऐसी महिलाओं से भरी पड़ी है, जो अपने पति का साथ देतीं हैं।

☹ चीज़ों को चीज़ों की तरह ही देखिए और हंसने की कुव्वत बनाए रखिए। काम को खेल में बदल डालिए, अपने लिये भी और दूसरों के लिए भी।

☹ विफलता का मतलब है ज़्यादा समझदारी से काम को फिर से शुरू किया जाए।

☹ हमारे जीवन में नब्बे प्रतिशत चीज़ें ठीक हैं और मात्र दस प्रतिशत ग़लत। नब्बे प्रतिशत पर गर्व कीजिए। दस प्रतिशत को गोली मार दीजिए।

☹ तीन और तीन शून्य बन सकते हैं, छह बन सकते हैं, नौ बन सकते हैं और तैंतीस भी बन सकते हैं। सोचिए, आप उसे कितना बनाना चाहते हैं।

☹ माथा पकड़कर बैठने वाले न बनें। चिड़चिड़ाने वाले न बनें। समस्या को कोसने की बजाय उसका हल निकालें। समस्या स्वरूप नहीं बल्कि समाधान स्वरूप बने।

☹ अमीर बनना आसान नहीं है, पर गरीबी में रहना ही कौन सा आसान है। हर समय मन मारते रहने के लिये भी कलेजा चाहिए। अमीर बनने की कोशिश में आप करोड़पति नहीं भी बनते हैं, तो भी कुछ ज़्यादा अच्छी तरह तो रह ही सकते हैं।

☹ अमीर बनने की कोशिश करना और गरीबी से तालमेल बिठाना दोनों ही रास्ते तक़लीफदेह हैं। आप किस रास्ते की तक़लीफ उठाना चाहेंगे।

चरित्र केवल एक स्थायी स्वभाव है।

☹ बहुत कम लोग ही अपनी ज़िंदगी बदलने को उत्सुक होते हैं और उसके लिए प्रयास करते हैं, ज़्यादातर लोग अपने आराम के सीमित दायरे में ही रहना चाहते हैं और बगैर जिम्मेदारियों को स्वीकार किए निकम्मी ज़िंदगी बिताना पसंद करते हैं। ये कुछ करने की बजाय कुछ होने का इंतज़ार करते रहते हैं।

☹ अनुशासन और नियंत्रण का महत्व समझें। ये आपकी सुविधा और आपकी तरक़्क़ी के आवश्यक अवयव हैं। दिखाई तो यही पड़ता है कि पतंग को डोर ने बांध रखा है और उसके स्वतंत्रता से उड़ने में बाधा दे रही है, परंतु पतंग का जीवन और दिशा दोनों ही डोर पर निर्भर हैं। जीवन में जो चीज अवरोध पैदा करती है वही परोक्ष रुप से जीवन के होने और उन्नति की दिशा में आगे बढ़ने के लिए उत्तरदायी होती है। जो आपको मना कर रहा है, वही आपको इस बिजनेस में कुछ कर दिखाने के लिये प्रेरित भी कर रहा है। इस संयोग को नजर में रखिए।

☹ हम परम स्वतंत्रता में जी रहे हैं। बेईमानी या ईमानदारी, सुख या दुख, स्वार्थ या परमार्थ, अमीरी या गरीबी आदि सभी हमारे ही निर्णय हैं, इसलिए बड़ी मौज है। इसलिए ज़िंदगी इतनी रसपूर्ण है क्योंकि कहीं कोई रोकने वाला नहीं है। कहीं कोई मालिक नहीं है, हम ही मालिक हैं और जब इतना समझ में आ गया तो और क्या समझने को शेष रह जाता है ?

The human mind and heart can not live in a vacuum.

आज एक काम कीजिए

आज एक काम कीजिए कि सिर्फ आज दिनभर खुश रहने की कोशिश करिए। अब्राहम लिंकन ने कहा था कि अधिकांश लोग उतने ही सुखी होते हैं जितने सुखी होने का संकल्प करते हैं। सुख अंदर से आता है उसका बाहर की घटनाओं से कोई संबंध नहीं है।

आज एक काम कीजिए कि आज अपने शरीर को स्वस्थ रखने के लिए थोड़ा व्यायाम कीजिए और उसे नजरअंदाज मत कीजिए।

आज एक काम कीजिए कि आज दुनिया बदलने की कोशिश मत करिए। सोचिए कि दुनिया जैसी है उसके हिसाब से मैं तालमेल बैठा लूंगा। चाहे घर में हो चाहे आफिस में चाहे और कहीं मैं तालमेल से काम करने की कोशिश कर लूंगा।

आज एक काम कीजिए कि आज एक भलाई का काम कीजिए और कुछ इस तरह कीजिए कि आपका नाम मालूम नहीं पड़े। आज कम से कम दो ऐसे भले काम कीजिए जो आप कल पर टालना चाहते हैं।

आज एक काम कीजिए कि आज किसी की आलोचना मत कीजिए

चालाकी द्वारा कोई महत्वपूर्ण कार्य नहीं होता।

और जितनी सच्ची तारीफ कर सकते हों कीजिए। आज नीची आवाज में ही बात कीजिए। आज किसी को भी सुधारने की कोशिश मत कीजिए। सिर्फ आज के लिये बच्चों को उनकी मर्ज़ी से जीने दीजिए। वे पढ़ना चाहते हों तो पढ़ें नहीं पढ़ना चाहते हों तो न पढ़ें।

आज एक काम कीजिए कि आज थोड़ा सा समय अपने साथ अकेले रहिए। अपने चरित्र, व्यक्तित्व और छवि के बारे में सोचिए। अपनी कमियों के बारे में और उन्हें दूर करने की योजना के बारे में सोचिए।

आज एक काम कीजिए कि आज अपना काम ईमानदारी और रुचि के साथ कीजिए। आज किसी काम के लिये घूस मत मांगिए। आज गुनगुनाते हुए काम कीजिए। आज मुस्कुराते हुए बात कीजिए। पढ़ते हुए अभी ही मुस्कुरा दीजिए। आज किसी का फायदा मत उठाईये। आज अपना फायदा करने की मत सोचिए। आज दूसरों का फायदा करने की सोचिए।

आज एक काम कीजिए कि आज किसी को खुश कीजिए। अपनी बात से, अपने व्यवहार से, अपने काम से, अपने नजरिए से।

आज एक काम कीजिए कि जिससे आप चिढ़तें हैं, उसके बारे में अच्छा सोचिए।

Not in passion, but in tenderness and kindness love finds its ideal expression.

अंत में

यह पुस्तक आपसे नेटवर्क मार्केटिंग का बिजनेस करने की प्रार्थना करने हेतु नहीं लिखी गई है। इसका उदेश्य आपको ऐसे अवसर से परिचित कराना भर है, जो आपके लिए संपन्नता और समृद्धि के नए आयाम खोल सकता है। आप चाहें तो इस चुनौती को स्वीकार कर अपनी जीवनशैली में मूलभूत परिवर्तन लाने की ओर अग्रसर हो सकते हैं या आप कोई अच्छा-सा बहाना खोजकर या कोई निराशाजनक वक्तव्य देकर अपनी आसान, चुनौतीरहित और एकरस जिंदगी में वापस लौट सकते हैं, जिसमें आप कभी धन की कमी का रोना रोते हैं, तो कभी समय की कमी का।

इस व्यवसाय में आपको आरंभिक लागत, शैक्षणिक योग्यता, अनुभव या किसी की अनुमति या प्रमाणपत्र की आवश्यकता नहीं है, मात्र आपका निर्णय और उत्साह ही पर्याप्त है। इस व्यवसाय का मूलमंत्र है कि आप

ज्ञान सिर्फ सच्चाई में ही पाया जाता है।

परिश्रम करें, धीरज रखें, कठिनाइयों का हल निकालें साथ ही उस परमात्मा पर विश्वास रखें, जिसने आपको इस दुनिया में भेजा और जिसने यह बिजनेस आपके दरवाजे पर पहुंचाया। उसने आपको इस दुनिया में उपलब्ध सभी सुख सुविधाओं का अधिकारी बनाया है। इस अधिकार को प्राप्त करने का एक माध्यम आपके सामने है। आप इसका कितना उपयोग करते हैं यह आप पर निर्भर करेगा, परंतु आज के बाद आप भगवान से यह शिकायत मत कीजिएगा कि उसने आपको अमीर और समृद्ध बनने का मौका ही नहीं दिया।

अस्तित्व विरोधाभासी द्वंद्वों से बनता है। गुलाब के फूल के पास खड़े हो जाएं, जो अभ्यासी है अशांति का वह कहेगा कि व्यर्थ है सब। कांटे ही कांटे हैं। एकाध फूल कभी बाई चांस खिल जाता है, वरना कांटों की भरमार है। जो शांति का अभ्यासी है, विधायक दृष्टिकोण वाला है उसे दिखेगा कि देखो भगवान का कमाल, इतने कांटों के बीच भी फूल खिल जाता है। कितनी अच्छी बात है कि जहां इतने कांटे हैं, वहां इतना कोमल फूल खिल सकता है। यह देखने के ढंग का फर्क है।

जिस आदमी को कांटों के बीच खिला हुआ फूल मालूम पड़ता है और जो कहता है कि धन्य है लीला प्रभु की कि इतने कांटों के बीच भी फूल खिल सकता है, उसे कुछ ही दिनों में कांटे दिखाई नहीं पड़ेंगे। उसे थोड़े ही दिनों में कांटे फूल के मित्र की तरह दिखाई पड़ेंगे। वह यह भी देख पाएगा कि कांटे फूल की रक्षा के लिये हैं और अंततः वह यह भी समझ जाएगा कि फूल कांटों के बिना नहीं हो सकते।

विधायक दृष्टिकोण का आदमी, पाजीटिव नजरिए का आदमी जीवन में शांति की किरणें खोज लेता है। आनंद के अवसर रच लेता है, आशा का संबल पा लेता है, सौंदर्य खोज लेता है। वह जीवन में नृत्य खोजता

Our own life is the instrument with which we experiment with truth.

है, उत्सव खोजता है। उसने जीवन में उदासी बटोरने का ठेका नहीं लिया है। वह जगह-जगह जाकर कांटे और कंकड़ नहीं खोजता रहता है और उनको छाती पर रखकर चिल्लाता नहीं है कि ज़िंदगी बेकार है, अर्थहीन है।

नकारात्मक आदमी छाती पीटने के हजार बहाने खोज लेता है। बंता सेब की खेती करता था। एक बार फसल बहुत अच्छी हुई। सभी ने देखा कि सेब की फसल ऐसी शानदार कभी हुई नहीं थी। सो दो तीन पड़ोसी बंता के घर पहुंचे और उसे अच्छी फसल के लिए बधाई दी। पर उनको ताज्जुब हुआ कि बंता थैंक्यू बोलने के बदले उदास हो गया और बोला कि यार फसल तो बहुत अच्छी है पर एक प्राब्लम खड़ी हो गयी है। पड़ोसी ने पूछा कि सारे-के-सारे सेब शानदार हुए हैं तो प्राब्लम क्या है? बंता ने मासूमियत से कहा, 'सब-के-सब सेब बढ़िया हो गए। अब जानवरों को खिलाने के लिए सड़े सेब कहां से लाएंगे ?'

हम कैसे देखते हैं? कहां से देखते हैं? हम जीवन में, परिस्थिति में, घटनाओं में क्या खोजते हैं? हम कोई उज्ज्वल पक्ष देखते हैं या कोई अंधकारपूर्ण बात? हमारी दृष्टि क्या है, और जो हमारी दृष्टि होगी, धीरे-धीरे हमारे भीतर उसी तरह का भाव घनीभूत होता चला जाता है। इसीलिए कहा जाता है जो हम खोजते हैं वही हमें मिल पाता है। मर्ज़ी है आदमी की, जो चाहे करे-चाहे शिकायत करे, चाहे प्रशंसा करे, कोई कुछ कहने या करने नहीं आएगा। लेकिन दोनों ही हालतो में फर्क ज़मीन आसमान का पड़ जाएगा। शिकायत करने वाला मन धीरे-धीरे उदास होता जाता है, निराश होता जाता है। धन्यवाद देने वाला मन धीरे-धीरे आनंद से, प्रफुल्लता से, आशा से भरता जाता है।

आपके जीवन में वैभव, समृद्धि और प्रगति के नए आयाम खुलें इस प्रार्थना के साथ तथा परमात्मा को धन्यवाद के साथ कि उसने मुझे इस क़ाबिल बनाया कि मैं यह पुस्तक लिख सकूं, मैं यह पुस्तक यहीं समाप्त करता हूं।

थकान सबसे अच्छा तकिया है।